唐宋三家教育觀研究

姚 振 黎 著

文 史 哲 學 集 成
文史哲出版社印行

國家圖書館出版品預行編目資料

唐宋三家教育觀研究 / 姚振黎著. -- 初版 --
臺北市：文史哲, 民 91.07
頁;公分（文史哲學集成；461）
參考書目：面
ISBN 978-957-549-450-6（平裝）

1.（唐）韓　愈 – 學術思想 – 教育
2.（唐）柳宗元 – 學術思想 – 教育
3.（宋）王安石 – 學術思想 – 教育

520.124   91011500

文史哲學集成　461

唐宋三家教育觀研究

著　　者：姚　　振　　黎
出 版 者：文 史 哲 出 版 社
http://www.lapen.com.tw
e-mail：lapen@ms74.hinet.net
登記證字號：行政院新聞局版臺業字五三三七號
發 行 人：彭　　正　　雄
發 行 所：文 史 哲 出 版 社
印 刷 者：文 史 哲 出 版 社
臺北市羅斯福路一段七十二巷四號
郵政劃撥帳號：一六一八〇一七五
電話886-2-23511028・傳真886-2-23965656

實價新臺幣二四〇元

2002 年（民九十一）七 月 初 版
2016 年（民一〇五）六月初版再刷

自 序

　　五年前，自美國回台灣，並回到原服務單位、國立中央大學中文系繼續任教。五年來，爲了不使在美所讀的教育政策與行政領導學淡忘，並使其能與原來所學之中國文學專業繼續深造強化、與時俱進，資質平庸若我，當然需要花費更多心力兼顧「中國文學」與「美國教育」全然不同的學術領域。然二者不僅是閱讀或陳述、書寫時所使用的文字不同，思維邏輯不同，要想跨越，予以會通，使二者同時精進，我選擇了以中文原典入手，探究中國古代教育思想爲研究的方向，並以美國教育哲學論點觀照中國古籍思想置諸今日之意義、影響或啓發，先後完成、發表〈美國傳教士對近代中國教育之影響〉、〈震災後校園重建與社區關懷──以美國學校社區化爲例〉、〈韓愈教育觀析論〉、〈柳宗元教育思想發微〉等。

　　蓋中國教育源遠流長，有關教育思想、教育制度與教學經驗之論著，散見於各種典籍中，有關教育議題之文獻頗豐，誠爲研究教育學科的寶貴資產。復以唐宋八大家文是我熟悉的領域，在赴美讀書前即曾發表過〈自劉熙載文概論韓文之義法〉、〈柳宗元散文思想及其造詣發微〉、〈柳宗元散文寫作藝巧析論〉、〈曾鞏散文寫作藝巧發微〉、〈唐宋古文八大家之得名及其影響〉等與唐宋八大家直接相關的論文。回台後，所講授之課程亦與此有關，故從八大家教育思想探究，當然更重要的是八大家中

之韓愈、柳宗元、王安石三人，置諸中國教育思想史的歷史長河中，有眞知灼見之論著，確實值得探究，故完成韓愈、柳宗元、王安石三家教育觀析論。

　　誠願以本書之寫作爲起點，對中國自古以來與教育相關之議題，能以時代爲經，以教育思想、教材教法、教育政策、教育社會學、比較教育爲緯，完成中國教育相關之論著。《唐宋三家教育觀研究》只是起步，未來的路還長！

　　感謝李主任瑞騰對我論文寫作的提醒與勉勵；感謝系裏老師在課程安排上的協助，讓我於教學相長中持續研究；感謝許許多多師長的關懷與鼓勵；謝謝父母對我耽溺書海的容忍。由於個人才學識見之侷限，雖鑽研探究，文中闕謬處勢所難免，尚祈師友方家，不吝教正，以匡不逮。

姚　振　黎　謹識
於國立中央大學中文系
民國九十年十一月

唐宋三家教育觀研究

目　錄

自　序……………………………………………………… 1

第一章　緒　論………………………………………… 7

　一、關於崇儒之教育方針…………………………… 8

　二、關於人性論之討論………………………………12

　三、關於道德教育……………………………………14

　四、關於擴大教育對象………………………………17

　五、關於統一教科書…………………………………20

　六、關於推動教育發展………………………………22

　　結　語………………………………………………24

第二章　韓愈教育觀析論………………………………27

　第一節　生平與教育事迹……………………………28

　第二節　師道觀………………………………………31

　　一、尊師重道………………………………………32

　　二、獎拔後進………………………………………34

三、師生互動‥‥‥‥‥‥‥‥‥‥‥‥‥‥‥‥38

第三節 人性論‥‥‥‥‥‥‥‥‥‥‥‥‥‥‥‥41

一、明先王之教，學聖人之道‥‥‥‥‥‥‥47

二、責己重以周，待人輕以約‥‥‥‥‥‥‥51

第四節 學習觀‥‥‥‥‥‥‥‥‥‥‥‥‥‥‥‥53

一、踐履篤實，勤學深思‥‥‥‥‥‥‥‥‥54

二、細大不捐，提要鉤玄‥‥‥‥‥‥‥‥‥57

三、機應於心，專一自信‥‥‥‥‥‥‥‥‥59

四、手口並用，學貴獨創‥‥‥‥‥‥‥‥‥61

第五節 人才觀‥‥‥‥‥‥‥‥‥‥‥‥‥‥‥‥63

一、當世典範‥‥‥‥‥‥‥‥‥‥‥‥‥‥‥63

二、因材器使‥‥‥‥‥‥‥‥‥‥‥‥‥‥‥65

第六節 結 語‥‥‥‥‥‥‥‥‥‥‥‥‥‥‥‥68

第三章 柳宗元教育觀析論‥‥‥‥‥‥‥‥‥‥‥71

第一節 教育宗旨：文以明道‥‥‥‥‥‥‥‥‥71

一、「文」「道」合一，允執厥中‥‥‥‥‥72

二、著述褒貶與比興諷諭兼得，積學以成聖‥‥76

第二節 教育目標：使成君子‥‥‥‥‥‥‥‥‥78

一、濟世安民之理想‥‥‥‥‥‥‥‥‥‥‥78

二、周乎志藝以為學‥‥‥‥‥‥‥‥‥‥‥80

第三節 治學方法‥‥‥‥‥‥‥‥‥‥‥‥‥‥‥82

一、博採眾長‥‥‥‥‥‥‥‥‥‥‥‥‥‥‥82

㈠ 綜覈名實、尊儒重法‥‥‥‥‥‥‥83

㈡ 反摹擬剽竊、拒漁獵前作‥‥‥‥‥84

二、陶煦力學‥‥‥‥‥‥‥‥‥‥‥‥‥‥‥85

三、獨立思考 ………………………………………87

四、抱璞守眞 ………………………………………88

第四節 師生關係 …………………………………90

一、魏晉以降，師道陵夷 ………………………90

二、交以爲師，力避師名 ………………………92

三、漸漬導訓，來者不拒 ………………………94

第五節 柳宗元教學法與用人觀 …………………96

一、方中圓外以應世 ……………………………96

㈠ 守經知權 …………………………………98

㈡ 外圓內方 ………………………………… 100

二、改革考試制度 ……………………………… 102

㈠ 革新科舉 ………………………………… 102

㈡ 任人唯賢 ………………………………… 104

第六節 結　語 ………………………………… 105

第四章　王安石教育觀析論 ……………………… 107

第一節 生平與教育活動 ………………………… 108

第二節 興學思想形成之因 ……………………… 111

一、國亂日亟，變法圖強 ……………………… 111

二、立志革新，唯賴人才 ……………………… 113

第三節 教育觀 …………………………………… 115

一、擇才而教 …………………………………… 116

二、通經致用 …………………………………… 118

三、文武並重 …………………………………… 120

四、後天力學，博學多聞 ……………………… 124

五、浹於民心 …………………………………… 127

第四節　教育改革·······················129

一、改革學校制度，立「三舍法」·············129

二、改革科舉制度·······················133

三、更定貢舉·························137

四、統一編寫教科書：頒定《三經新義》

　　及《字說》·······················139

五、整頓地方學校，設置專科學校·············143

第五節　結　語·······················147

一、突破傳注經學，開啓道德性命之學···········147

二、激勵康、梁維新運動·················149

三、開啓近代實用主義教育哲學之先河···········151

主要參考書目·························155

第一章　緒　論

韓愈、柳宗元與王安石三家教育觀之比較

唐朝歷史長達二百九十年（公元六一八～九〇七），高祖李淵於武德二年（六一九）即頒發詔書，強調興化崇儒。李世民以「偃武修文」為主導思想，於貞觀初繼續提倡崇儒興學政策，並佐以實際配套措施，建立從中央到地方之官學教育制度，使教育事業發展甚速。至李隆基當政之開元時期，不僅官學受政府重視，私學之開辦，亦受政府鼓勵，且通過立法，使學校內部建立較完備之教學制度，發展教育事業、豐富教育措施，並付諸實行。韓愈、柳宗元生於中唐，且著有教育相關之論文，亦未嘗自外於此一氛圍。

宋代三百二十年歷史（公元九六〇～一二七九），因北方遼、金政權，時時予以武力威脅，迫使宋王朝在軍事上疲於奔命，在經濟上積弱積貧，統治者不得不將政治、社會、經濟、文化與教育之改革，視作現實必須面對之重大課題，予以探究。彼時教育改革目的，在於培養經世致用人才，俾鞏固統治者綱紀，維護王朝政權。是故發生於北宋時期之三次興學，及王安石教育改革，演變至以理學為主體之學術思想，及以理學家為主體之書院教育，刷新漢唐以來經學為根本之儒學精神，改革中國學術思

想面貌與發展；促使中國古代教育由漢唐時經學為主導者，轉化為理學為主之教育，成為宋代教育變革之特徵。

王安石教育改革思想為其變法之一重要部分，具有不同於其他教育家之特點，在中國教育史上占有重要地位，並產生深遠影響。本文即為比較韓愈、柳宗元、王安石三家教育思想之異同，並印證其在今日之意義、影響與啓示。

一、關於崇儒之教育方針

唐朝建立，在政治、經濟上對人民寬緩。相較之下，在思想上則加強控制；儒學、佛教、道教為控制人民思想之三件法寶，被唐朝統治者加以利用。①其中與政治倫理道德密切結合，並在社會生活中發揮作用者為儒學。傳統儒學因主張親親之殺，尊賢之等；重視君君、臣臣、父父、子子之倫常，貴賤等級之階層、忠孝仁義之道德，禮樂教化、移風易俗遂成為官方教育目標。以貞觀年間為例，經由行政命令，將儒家經典列為學校正式課程，並藉學校教學，將儒家思想灌輸給年輕生徒，又為鼓勵勤讀經書之儒生，提供參政當官機會。韓愈論著中有關崇儒、尊孔、讀經、任賢之著，反映此一思潮。②《新唐書・韓愈傳》③贊云：

自晉汔隋，老佛顯行，聖道不斷如帶，諸儒倚天下正議，

---

① 孫培青《隋唐五代教育論著選・編者的話》，人民教育出版社（1993年）。
② 參看姚振黎〈自劉熙載文概論韓文之義法〉，《孔孟月刊》25卷10期（民76年6月）。頁26-37。
③ 《新唐書・卷一七六・列傳第一百一・韓愈傳》，臺北：鼎文書局（民81年七版）。頁5269。

助為怪神，愈獨喟然引聖，爭四海之惑，雖蒙訕笑，跲而復奮，始若未之信，卒大顯於時。昔孟軻拒楊墨，去孔子才二百年；愈排二家，乃去千餘歲，撥衰反正，功與齊而力倍之。

且韓愈讀經，於〈上宰相書〉自稱：

其業則讀書著文，歌頌堯舜之道，雞鳴而起，孜孜焉亦不為利。其所讀皆聖人之書，楊墨釋老之學無所入於其心。

其所著皆約六經之旨而成文。《韓集·卷三》④

學習過程中，受學者崇儒之目標既定，志向宜堅，則不為「異端」左右。「道於楊、墨、老莊、佛之學，而欲之聖人之道，猶航斷港絕潢以望至於海也。」《韓集·卷四·送王秀才序》

然柳宗元於崇儒之外，儼然有統合儒釋道之勢。何寄澎氏〈唐代古文家與佛教之關係〉⑤一文謂：子厚信佛，世所熟知，集中六七兩卷，均和尚碑。又〈送元十八山人南遊序〉《柳集·卷二十五》⑥謂釋氏與孔子同道，「皆有以會其趣」，意欲統合儒、釋，溝通二教。〈送琛上人南遊序〉《柳集·卷二十五》開宗明義即謂：「佛之跡去乎世久矣，⋯⋯然而其道則備矣。」〈送巽上人赴中丞叔父召序〉《柳集·卷二十五》云：「吾自幼好佛，求其道，積三十年，世之言者罕能通其說，於零陵吾獨有得焉。」〈永州龍興寺西軒記〉《柳集·卷二十八》亦云：「余知釋氏之道且久。」

---

④ 本文所引昌黎文均為馬其昶《韓昌黎文集校注》，以下省稱曰《韓集》。
⑤ 見何氏《唐宋古文新探》，大安出版社（1990年）。頁22-29。
⑥ 本文所引子厚文均為楊家駱主編《柳河東全集》，世界書局（1966年），及明·孫同峰評點《唐柳柳州全集》，新文豐出版公司（1979年）。以下省稱曰《柳集》。

則其頗以深造佛道自許。〈南嶽彌陀和尚碑〉云：

> 凡化人，立中道而教之權，俾得以疾至。故示專念、書塗
> 巷、刻谿石，丕勤誘扱，以援于下。不求而道備、不言而
> 物成。……銘曰：……公之率眾峻以容，公之立誠教其中。
> 《柳集·卷六》

又嘗將儒、佛並舉，〈南嶽大明寺律和尚碑〉云：

> 儒以禮立仁義，無之則壞；佛以律持定慧，去之則喪。是
> 故離禮於仁義者，不可與言儒；異律於定慧者，不可與言
> 佛。《柳集·卷七》

是會通禮與律、仁義與定慧也。又〈曹溪第六祖賜諡大鑒禪師
碑〉云：

> 其道以無為為有，以空洞為實，以廣大不蕩為歸；其教人，
> 始以性善，終以性善，不假耘鋤，本其靜矣。《柳集·卷六》

意將禪宗與儒家之思想、經典相結合。⑦故〈送文暢上人登五臺
遂遊河朔序〉《柳集·卷二十五》乃稱「真乘法印與儒典並用，而人
知嚮方。」又祝文暢「將統合儒釋，宣滌疑滯。」子厚為統合
儒、釋，於〈送僧浩初序〉曰：

> 浮圖誠有不可斥者，往往與易、論語合。誠樂之，其於性
> 情爽然，不與孔子異道。……雖聖人復生，不可得而斥也。
> 《柳集·卷二十五》

〈永州龍興寺西軒記〉曰：

> 余知釋氏之道且久。《柳集·卷二十八》

其對佛法之體認，統合儒釋二家之見解，放諸唐代古文家，於佛

---

⑦　蘇文擢〈柳宗元與佛教之關係〉，《大陸雜誌》五十五卷、第五期。

理最有造詣者，非子厚莫屬。又元和四年（八○九）在永州作
〈送元十八山人南遊序〉：

> 余觀老子，亦孔子之異流也，不得以相抗。《柳集·卷二十五》

其主張融儒學、佛老於一爐。⑧反觀韓愈以儒學爲依歸，雖亦涉
獵百家之書。嘗云：「先生口不絕吟於六藝之文，手不停披於百
家之編。」做到「閎其中而肆其外」《韓集·卷一·進學解》，然以
佛教導引人民「外天下國家，滅其天常，子焉而不父其父，臣焉
而不君其君，民焉而不事其事。」《韓集·卷一·原道》以佛教壞君
臣、父子、夫婦等倫常關係，故觝排之；即令言性，仍不忘批判
「雜佛老」《韓集·卷一·原性》文末，以維護儒家道統。故對學術
之寬廣與客觀態度，不似柳宗元。⑨

　　至若王安石自政治改革之立場，觀察並論述教育問題，以爲
國家興學設教之目的在於培養人才，故應堅持讀經致用，廣識博
通，文武兼備，爲國家興利除弊，變法圖強。然北宋當時教育可
謂學非所用、用非所學，故應如何改革？安石以爲「經術」爲教
學之內容：

> 士弊於俗學久矣，聖上閔焉，以經術造之。乃集儒臣，訓
> 釋厥旨，將播之校學。《臨川集·卷八十四·周禮義序》⑩

然以安石當時經學箋注沒落，唐朝欽定之《五經正義》，至北宋
時，學者提出疑問。劉敞著《七經小傳》廢棄漢儒專事名物訓

---

⑧　參看姚振黎〈柳宗元散文思想及其造詣發微〉，《人文學報》第九期，國
　　立中央大學文學院（1991 年 6 月）。頁 57~77。
⑨　黃雲眉〈柳宗元文學的評價〉，《韓愈柳宗元文學評價》，山東人民出版
　　社（1957 年 6 月第一版）。頁 124。
⑩　本文所引荊公文均爲楊家駱主編《王臨川全集》，世界書局（1966 年），
　　以下省稱曰《臨川集》。

詁，而以己意解經。歐陽修請求刪修經疏，且以《十翼》非孔子
之作。學者既懷疑傳統經說，並對儒家經典各有解釋，「學術不
一，一人一義，十人十義。當朝廷欲有所爲時，異論紛然，莫肯
承聽。」⑪安石爲以經術培育人才，統一思想，配合政治需求，
必須重新解釋經書，統一經術，定學術於一尊，故修撰《三經新
義》即基於此一要求。

二、關於人性論之討論

人性論是教育理論之基礎，在唐代被重視討論。如李翱受佛
學影響，主張性善情惡，而性本質爲善，情欲則爲惡；情影響
性，使性受蒙蔽或破壞，故教育之任務即爲滅情復性。⑫皇甫湜
同於韓愈性三品說，唯偏向性善論，倡言自覺勉勵。⑬晚唐杜牧
則抨擊性善論及性善惡混論，而偏向性惡論，強調唯以禮法制約
人之性惡。⑭

韓愈以爲「道」之體現於吾身者，即爲「性」。其人性論承
襲董仲舒「性三品」說，並對孟、荀之人性論予以修正、補充。
故批評性善論、性惡論、性善惡混論等說法，以爲均是「舉其中
而遺其上下者也，得其一而失其二者也。」《韓集·卷一·原性》將
孔子人性之論點，予以注解、發揮。孔子曰：「性相近也，習相

---

⑪ 《文獻通考·卷三十一·選舉考四》，臺北：洪興書局（1963 年 10 月一
　　 版）。頁 293。
⑫ 《李文公集·卷二·復性書》，商務印書館四部叢刊初編。
⑬ 《皇甫持正文集·卷二·孟荀言性論》，商務印書館四部叢刊初編。
⑭ 《樊川文集·卷六·三子言性辯》，上海：古籍出版社（1978 年）。

遠也。」《論語・陽貨》韓愈則曰:「性也者,與生俱生也;情也者,接於物而生也。」將孔子之「習」改作「情」,而其意則同。又孔子不說性善、性惡,韓愈亦反對以性善或惡論證人性。

孔子曰:「唯上智與下愚不移。」(同上)僅舉人性等級之上下兩級,而不舉中級,是不能視作孔子不知有此中級存在。反之,吾人由孔子明確舉出人性上下兩級,可證明其相信有中級存在,而上下既是「不移」,中級可上、可下,自是「可移」。然孔子未明言其意,韓愈〈原性〉將性分爲上中下三品,且謂三品之「上焉者善焉而已矣,中焉者可導而上下也,下焉者惡焉而已矣。」在「上焉者」與「下焉者」之間加入「中焉者」,可謂對孔子思想之深入體會,故能闡述孔子對人性之論點,較諸孟子、荀子與揚雄將人性視作絕對之善善惡惡,應是更接近孔子原意。

韓愈既以人有性有情,性爲天生具有,屬善;情乃後天習染,屬惡。性之內容有五:仁、禮、信、義、智;情之內容有七:喜、怒、哀、懼、愛、惡、欲。又性可移,然性之品級不可移:

> 上之性就學而愈明,下之性畏威而寡罪,是故上者可教,
> 　而下者可制也,其品則孔子謂不移也。〈原性〉

昌黎性三品說以上、中品之人可受教,下品之人雖具五常之性,然不能節制情慾,故不能受教,而以刑罰代替之。

至王安石反對韓愈「性三品說」,以爲韓愈此說,使「下愚」平民失去受教機會,與〈原道〉《韓集・卷一》所云「君出令」、「臣行令」、「民事上」之綱常倫理,視作吾人之先驗品格;體現於教育思想者,則爲實行特權教育制度:唯上品之統治者有受教育權利,下品之被統治者須強制接受刑罰,至於「中

品」則宜恩威並重。安石確切申言：「韓子之言性也，吾不有取焉。」《臨川集·卷六十八·性說》蓋以「五常不可以謂之性，此吾所以異於韓子。」《臨川集·卷六十八·原性》

試觀安石爲推行新法，力主廣開才路，尤爲中下層知識分子關晉陞之階，以培植並延攬變法人才，勢必須突破「由門第、資歷以培養或選用人才」之陳規陋習，做到如「聖人」之「不言命，教人以盡乎人事而已。」《臨川集·卷六十八·對難》如「古者」之「有賢不肖之分，而無流品之別。」《臨川集·卷三十九·上仁宗皇帝言事書》在思想上擺脫「宿命論」對人性之束縛，故〈李璋下第〉詩曰：「意氣未宜輕感慨，文章尤忌數悲哀。男兒獨患無名爾，將相誰云有種哉！」《臨川集·卷二十二》借秦末陳涉起義，激勵當時士子取消顧忌與疑慮，不怕挫折，積極進取。

此外，安石反對孟子性善說，並反對荀子之性惡與告子之性無善惡說，且不盡同於揚雄性善惡混說。其以爲人之善惡智愚，取決於後天教育與學習。

是故韓愈「性三品說」屬傳統社會認知，爲出身、資歷與宿命提供合理之論說背景；王安石對「性三品說」之批判，提供改革當時教育制度，並爲新法推行予以奮力論據。

三、關於道德教育

韓愈肯定仁義禮智信爲道德規範，其中仁與義又爲最基本者；其他一切規範均爲仁義之表現。〈答李翊書〉云：「行之乎仁義之途，游之乎詩書之源，無迷其途，無絕其源，終吾身而已矣。」《韓集·卷三》又〈南陽樊紹述墓誌銘〉曰：「必出入仁義，

其富若生蓄萬物。」《韓集·卷七》以「出入仁義」爲準則，行文始能「生蓄萬物」。

〈原道〉開宗明義即曰：「博愛之謂仁，行而宜之之謂義。由是而之焉之謂道，足乎己無待於外之謂德。仁與義爲定名，道與德爲虛位。」《韓集·卷一》宣揚自古以來永存不變之道，即仁義而已。仁義存乎內，則表現於外之行爲必能體現躬自厚而薄責於人之精神，以至「責己重以周，待人輕以約。」《韓集·卷一·原毀》柳宗元〈四維論〉亦謂：

> 聖人之所以立天下，曰仁義。仁主恩，義主斷。恩者親之，斷者宜之，而理道畢矣。蹈之斯爲道，得之斯爲德，履之斯爲禮，誠之斯爲信，皆由其所之而異名。《柳集·卷三》

〈時令論·下〉又云：

> 聖人之爲教，立中道以示於後：曰仁，曰義，曰禮，曰智，曰信，謂之五常，言可以常行者也。防昏亂之術，爲之勤勤然書於方冊，與亡治亂之致，永守是而不去也。《柳集·卷三》

聖人之所以爲聖，在於建立「中道」。「中道」之內涵，即爲仁、義、禮、智、信。韓、柳二人視仁義、五常、中道之影響，小至獨善其身，大至兼善天下，均有密切關係，此屬道德教育，王安石亦極爲重視，其云：「振民育德，莫大乎教。」《臨川集·卷六十五·易象論解》教育既可培養國民道德，故堯舜三代以教治天下，以至「當是時，婦人之所能言，童子之所可知，有後世老師宿儒之所惑而不悟者也；武夫之所道，鄙人之所守，有後世豪傑名士之所憚而愧之者也。」《臨川集·卷八十二·虔州學記》反觀秦始皇以「燒詩書，殺學士，掃除天下之庠序。」導致「非之者愈多

而終於不勝」之悲劇，安石以道德教育關係天下國家存亡，蓋以
「道德出於性命之理，而性命之理出於人心。」故當北宋處於內
憂外患之際，「風俗日以衰壞」《臨川集・卷三十九・上仁宗皇帝言事
書》，社會道德日益惡化，安石揭露當時道德衰壞，作為警示，
曰：

> 人習玩於久安，吏循緣於積弊，竊言不忌，詖行無慚。論
> 善俗之方，始欲徐徐而變革；思愛日之義，又將汲汲於施
> 為。以物役己，則神志有交戰之勞，以道徇眾，則事功無
> 必成之望。《臨川集・卷六十・手詔令視事謝表》

上下因循苟且之時，對詖行不以為恥，蓋以「天下之人亦已漸漬
於失教，被服於成俗。」《臨川集・卷三十九・上仁宗皇帝言事書》故其
建議強化道德教育，以德化民，並對道德教育之體制，提出立法
度、變風俗、明賞罰之革新主張。⑮

安石以為，君子即為有道德者，「故天下之有德，通謂之君
子。」《臨川集・卷八十二・君子齋記》而君子應有之行為：

> 君子以自強不息。自強不息，然後厚德載物。
>
> 君子以懿文德。德以禮為體，故於履也。
>
> 君子以多識前言往行，以畜其德。畜德莫大乎養，故於頤也。
>
> 君子以慎言語，節飲食，知自養。然後出處皆有以大過人，
> 故於大過也。
>
> 君子以獨立不懼。遯世無悶。出則欲獨立不懼，處則欲遯
> 世無悶，則德不可無習，故於坎也。

---

⑮ 羅傳奇、吳雲生《王安石教育思想研究》，江西教育出版社（1991 年 3
月）。頁 136-142。

君子以常德行，習教事，德行不失其常，教事不廢其習，然後可以繼明照四方，故於離也。

君子以虛受人，惟以虛受人而有節於內，故於恆也。《臨川集・卷六十五・易象論解》

爲道德教育提供一可資遵行之圭臬。

四、關於擴大教育對象

韓愈弟子甚多，其著者有李翺、張籍⑯、皇甫湜、李賀、賈島等。雖爲及門弟子，師生切磋問學，平等相處。李翺推崇韓愈在儒學與領導古文之貢獻，「六經之風，絕而復新，學者有歸，大變於文。」《李文公集・卷十六・祭吏部韓侍郎文》以爲學生道德文章水平提高，乃得力於韓愈，「行己莫如恭，自責莫如厚，接衆莫如弘，同心莫如直，進道莫如勇，受益莫如擇友，好學莫如改過。此聞之於師者也。」《李文公集・卷六・答朱載言書》韓愈對教學具熱誠，對欲跟隨學習者，即覺欣喜。〈示兒詩〉云：

來過亦無事，考評道精粗。

友朋往來，多談學問，對於學生請益，亦覺欣喜。

躚躚媚學習，墻屏日有徒。以能問不能，其蔽豈能祛。

對後學者或請益者，盡力予以獎掖。〈贈別元十八協律六首〉第四首云：

讀書患不多，思義患不明。患足已不學，既學患不行。子今四美具，實大華而榮。

---

⑯　《韓集・卷四・送孟東野序》：「從吾游者，李翱、張籍其尤也。」

又對十七歲之弟子李蟠，好古文，且習六藝經傳，韓愈喜愛其能行古道，作〈師說〉以貽之。〈答李翊書〉開宗明義即曰：「生之書辭甚高，而其問何下而恭也！能如是，誰不欲告生以其道？……不可不為生言之。」《韓集‧卷三》

韓愈喜為人師，並注意他人之教育事業，〈柳子厚墓誌銘〉提及柳宗元至柳州後「因其土俗為設教禁，州人順賴。」又大書「衡湘以南為進士者，皆以子厚為師。其經承子厚口講指畫為文詞者，悉有法度可觀。」《韓集‧卷七》

柳宗元教育思想不僅見於其論著、書札，亦可見於所作之寓言、記事、詩歌，「其筆調昂揚，意味悠長，有前代教育家所不能望其項背者。」⑰其任集賢院正字時，有與當時國子司業陽城信曰：

> 曩聞有狂惑小生，依託門下，或乃飛文陳愚，醜行無賴。
> 而論者以為言，謂陽公過於納汙，無人師之道，是大不然。

贊賞陽城「有博厚恢弘之德，能並容善偽。」以為「兪扁之門，不拒病夫；繩墨之側，不拒枉材；師儒之席，不拒曲士。」乃「理固然也」。《柳集‧卷三十四‧與太學諸生喜詣闕留陽城司業書》肯定陽城能並容善偽，來者不拒，符合「師儒之席，不拒曲士」之教育原則。又為師者應「示人準程」，以至「良士勇善，偽夫去飾，墜者益勤，誕者益恭。」《柳集‧卷九‧國子司業陽城遺愛碣》陽城以教育愛春風化雨，贏得學生愛戴。當其出任道州刺史時，太學生季儻、何蕃等百六十人「投業奔走，稽首闕下，叫閽籲天，

---

⑰　高時良《中國教育史綱（古代之部）》，北京：人民教育出版社（1993年）。頁281-282。

願乞復舊。」《柳集·卷九·國子司業陽城遺愛碣》子厚此一「有教無類」之思想，主張官學也宜對不同政治立場與道德修養者提供學習機會。然子厚力避爲師之名，〈報袁君陳秀才避師名書〉曰：

> 世久無師弟子，決爲之，且見非、且見罪。《柳集·卷三十四》

又〈答嚴厚輿秀才論爲師道書〉曰：

> 講古、窮文辭，有來問我者，吾豈嘗瞑目閉口耶？……苟去其名全其實，以其餘易其不足，亦可交以爲師矣。如此無世俗累而有益乎已，古今未有好道而避是者。《柳集·卷三十四》

柳宗元拒師、弟之名，〈師友箴〉序云：「今之世，爲人師者眾笑之。」不敢接受尊師之禮，然於來學者之求問，又保持師友關係。《新唐書·本傳》云：

> 南方爲進士者，走數千里從宗元游，經指授者，爲文辭皆有法。

〈報崔黯秀才論爲文書〉《柳集·卷三十四》爲崔黯重文辭與書法之弊病，開一帖良方，以免「積結旣定，醫無所能已。」又〈復杜溫夫書〉《柳集·卷三十四》對不恥之徒，尚予針砭，意存挽救，體現子厚「師儒之席，不拒曲士」之教育思想，可知其教育對象廣闊。

蓋中國古代教育，私學盛於官學，素質水準亦以私學爲優，遂產生二現象，一爲重視師授與家學，故率以師弟相承及家學淵源相標榜；二爲所謂教育制度僅是紙上具文，而乏實踐，旣不能形成制度，付諸實施，所謂教育思想連帶無法實踐積累成爲歷史經驗，歷來以私學爲主之結果，致使官學置於附庸地位，聊備一格而已。隋唐以降，官學更成爲科舉之附庸，韓愈〈送齊暤下第

序〉《韓集·卷四》對有司爲一己之私，不惜損害公利，「上下交疑」，沿俗成例；柳宗元〈送婁圖南秀才遊淮南將入道序〉《柳集·卷二十五》指責「今夫取科者，交貴勢，倚親戚。」北宋官學在王安石變法之前，雖有范仲淹守蘇州，首建郡學，聘請當時大儒胡瑗主講席，作育人才，一度有所振興，唯大抵言之，所呈現景象誠如安石所云之爲「取牆壁具而已」《臨川集·卷三十九·上仁宗皇帝言事書》。又唐代國子學、太學、弘文館、崇文館均僅招收三品或五品以上公卿士族子弟，四門學中有四成以勛官三品以上無封、四品有封及文武七品以上子弟爲之。安石擴充太學，將招生對象之等級放寬至「以八品以下子弟，若庶人之俊異者入焉。」⑱滿足庶族人民受教，排除門第觀念，實爲教育史上之一大進步。

五、關於統一教科書

唐太宗爲統一儒學思想，令顏師古考訂五經文字，復責成孔穎達研究漢代以下注疏，予以統一解釋，最終編成《五經正義》一百七十卷。此部官書頒行後，成爲國家規定之統一教材，且爲科舉考試之依據。然以經學爲統一教材，卻因年久致使經文發生訛誤。⑲大曆年間，張參奉命修勘五經文字；開成年間，採鄭覃建議，創立石經。經學統一之時，雖有異議者欲突破官定注疏之束縛，憑己意說經；捨注疏、傳記，而以經文闡發己見，若啖助

---

⑱　《宋史·卷一百五十七·志第一百一十·選舉三》。
⑲　程方平《隋唐五代的儒學──前理學教育思想研究·序言》，雲南教育出版社（1991 年）。

及其弟子趙匡、陸質者流，欲改變統一教學內容與教材，然力量有限。陸游有言：「唐以國初，學者不敢議孔安國、鄭康成，況聖人乎？」[20]是知自唐至北宋，太學中依此章句訓詁之路數治經。迨至北宋慶曆年間，經學統領學界之地位發生動搖，學者對孔穎達《五經正義》予以懷疑，雖統治者欲擴大經書範圍，自五經、七經而九經、十三經，仍無法挽救經學箋注之沒落。故「自慶曆後，諸儒發明經旨，非前人所及。然排《繫辭》，毀《周禮》，疑《孟子》，譏《書》之胤征、顧命，黜《詩》之序，不難於議經，況傳注乎！」[21]於此學術衝擊中，安石撰寫《三經新義》問世，憑己意注疏，以回應漢儒章句注疏之學，使其學風至清初猶無法重振。王應麟《困學紀聞》謂：

> 自漢儒至於慶曆間，談經者守訓故而不鑿。《七經小傳》出，而稍尚新奇矣。至《三經義》行，視漢儒之學如土梗。

自《三經新義》頒行於學官，引起極大回響；父兄、師長不以誦習章句傳注勖勉子弟、門人，轉而專意講授經典義理，使知識分子起而重義理、輕傳注之學風，實以安石新學為界，使北宋學風明顯分為不同之二階段。

又王安石不僅編寫《三經新義》，訓釋《周禮》、《詩經》、《尚書》，並撰《字說》一書。蓋以統一字義即能統一對文字之解釋，並可防止經學傳注之混亂分歧，以至通經。是故文字通，方可通經義；學習文字，則掌握明瞭經義之管鑰。故規定《字說》為必修科目，與《三經新義》相輔而成為教科書，在當

---

[20]　王應麟《困學紀聞·卷八》。
[21]　王應麟《困學紀聞·卷八》。

時替代東漢‧許愼之《說文》，對教學產生極大影響。

安石新政雖失敗，然統一教科書促使新學不斷有繼起者。雖同時政敵，亦推尊之。司馬光僅謂其不宜以一家之學，蓋掩先儒而已。劉摯亦謂安石經訓，視諸儒義說，得聖賢之意爲多。呂陶則云先儒傳說未必書是，王氏之解未必書非。時國子司業黃隱欲廢王氏經義，竟大爲諸儒所非。故就大體言之，當時反對新政諸人，對安石訓釋經義，固自與安石仍在同一立場也。㉒

六、關於推動教育發展

中國古代教育，自先秦至北宋，以高等教育爲例，一般言之，由王室、貴族、官僚所壟斷。殷商時之「右學」或「西學」，周朝「辟雍」，漢代「太學」、「鴻都門學」、「貴冑學校」，晉之「太學」、「國子學」，南北朝有「玄學館」、「文學館」、「儒學館」、「史學館」、「總明觀」、「虎門學」，隋唐時期之「國子學」、「太學」、「四門學」，北宋時期之「國子學」、「太學」、「廣文館」、「四門學」、「辟雍」等高等學府，招生對象爲王公、貴冑與官僚子弟，僅少數低階官員與平民子弟得進入就讀。隋唐時期，文化教育發展雖極迅速，然教育對象之限制仍極爲嚴格，不僅學生入學有等級限制，且各大學間亦有等級區別，如弘文館、崇文館、國子學、太學、四門學之入學資格，均嚴格規定官員品級，限於四門學接受文武七品以

㉒ 錢穆《國史大綱‧下冊‧第六編‧第三十二章‧士大夫的自覺與政治革新運動》，台灣：商務印書館（民74）。頁434。

上子弟與庶人中之俊秀者。

　　韓愈於憲宗元和十四年（八一九）為〈論佛骨表〉貶至潮州，蘇軾〈潮州韓文公廟碑〉曰：「始潮人未知學，公命進士趙德為之師。自是潮之士，皆篤於文行，延及齊民，至於今，號稱易治。」吾人今知教育為百年樹人之大業，立國之大本，與個人成功幸福、社會進步安和、國家富強久安、世界文明和平，關係至深且鉅，韓愈生當一千二百年前，為普及地方教育，充實基層教育，並提示師資素質：

　　　　趙德秀才，沉雅專靜，頗通經，有文章，能知先王之道，

　　　　論說且排異端，而宗孔氏，可以為師矣。

即已體現「道之以政，齊之以刑，民免而無恥，不如以德禮為先，而輔以政刑也。」《韓集·文外集上卷·潮州請置鄉校牒》至若王安石亦積極創辦縣學。今據清咸豐六年《鄞縣志》載曰：

　　　　慶曆四年，雖詔天下郡縣立學，猶云士不滿二百人者，為

　　　　廟如故。七年，王安石宰鄞縣，明年始因廟立學。

鄞縣地處偏僻，原僅有孔廟而無學校，安石至鄞縣任知縣，以「今也無有學，而徒廟事孔子，吾不知其說也。」《臨川集·卷八十二·繁昌縣學記》遂修葺破敗孔廟，招收子弟入學。慈溪有名儒杜醇，「越之隱君子，其學行宜為人師。」《臨川集·卷八十三·慈溪縣學記》故作〈請杜醇先生入縣學書〉二封，《臨川集·卷七十七》延攬至鄞縣任教。又王說、王致、楊適、杜醇、樓郁五人，「王荊公宰鄞時，與之友善，敬禮甚至，嘗與政事。」「以詩章相唱酬，以道義化鄉里。」《鄞縣志·卷五·學校》大興文教之風。

　　是故王安石教育改革，對推動州縣學校之發展，使學生大增，學風大盛。舉當時江西饒州為例，「朱天錫以神童得官，俚

俗爭慕之，小兒不問如何，粗能念書，自五、六歲即以次教之
《五經》，以竹籃坐之木杪，絕其視聽。教者預爲價，終一經償
錢若干。」㉓是知當時學風之盛。又安石家鄉撫州臨川有過之者；
縣城除有府學、縣學，又興建書院眾多，且鄉村有鄉學、蒙學。
教育昌盛，英才輩出。不僅地近京畿之州縣，福建川廣等邊遠地
區亦多讀書應舉之人。晁沖之有詩曰：「老去功名意轉疏，獨騎
瘦馬取長途。孤村到曉猶燈火，知有人家夜讀書。」㉔讀書人之
多，於茲可見㉕。又《宋史·職官志》載：「熙寧初，詔用經術
取士，廣闊黌舍，分爲三等，增置生徒，總二千八百人。隸籍有
數，給食有等，庫書有官，治疾有醫。」使教育事業出現新局。

結　語

　　二十一世紀教育發展之趨勢，包括義務教育之年限提前，且
向後延伸，以發展幼教與終生教育。韓愈、柳宗元、王安石三家
或憑一己之力，或因使命感所致，推展教育。由於教育爲社會活
動之一，政治革新，社會變遷，均衝擊教育，又教育如何導引社
會？面對今日台灣教育改革，韓愈〈潮州請置鄉校牒〉《文外集·
上卷》、王安石〈慈溪縣學記〉《臨川集·卷八十三》，非僅爲《禮
記·學記》所云「君子如欲化民成俗，其必由學乎！」之實踐，
亦爲今日學校社區化，社區學校化之前瞻與先行者！

㉓　《避暑錄話·卷上》。
㉔　《晁具茨先生詩集·卷十二·夜行》。
㉕　羅傳奇、吳雲生《王安石教育思想研究·第七章·第一節》，江西教育出
　　版社（1991 年 3 月）。頁 245。

　　又王安石撰述經義，改革科舉，專以經義取士，對元明清三代科舉制度影響甚鉅。吾人以為：北宋以後歷代各朝實行之法度，無不可見「荊公新學」之精神。[26]置諸今日，吾人鑑視其「統一教科書」之政策，蓋社會愈是民主、自由，個人權利意識愈受重視，價值判斷益加多元化；自政治之投票選舉、日常之商品購置，至文化活動之參與，人人皆有獨立自主之選擇權。

　　民主化與自由化亦是教育發展之大勢所趨。諸如教科書開放民間編輯、開放私人興學、學生與家長之學校教育選擇權[27]、學費政策自由化……，凡諸議題，均成為今日大眾關切之焦點。故當台北市教育局欲使木柵北政國中搬遷，導致北縣森林小學、種籽學苑、宜蘭慈心華德福教育學校、新竹雅歌小學、苗栗全人中學、彰化苗圃學園、高雄融合中小學大津分班聯合發表公開聲明，以為「台北市政府教育局在決策上過於保守與獨斷，剝奪人民在教育上的自我決定，對人民積極發展多元教育卻要除之而後快！非僅不足以為教育改革者，且成為教育改革之絆腳石，無法協助教育在台北市永續發展。」[28]

　　然王安石教育改革將官學教育付諸實踐，為中國教育史上之創舉，使教育制度、教育思想與教育改革結合，其最終失敗之因，在於無法消除科舉考試；其主張廢詩賦而考經義，仍使流弊

---

[26]　羅傳奇、吳雲生《王安石教育思想研究·第七章》，江西教育出版社（1991年）。頁 255-256。

[27]　參看姚振黎〈學校教育選擇權的理論與實施──美國明州的經驗〉，民90.12.14-16「知識經濟與教育發展」國際學術研討會，台北：國立台灣師範大學。

[28]　〈理念學校聯盟聲明稿〉，民 90.7.11，http://home.pchome.com.tw/web/otto5/6711.htm。

叢生。置於今日，教育部已於本（九十）年八月卅一日公布高中
職及五專多元入學方案暨國中基本學力測驗檢討修正重點，確定
明（九十一）年基本學力測驗不考作文。又行諸近半世紀之大學
聯招業已廢除，使考試方式與制度亦隨之改變，代之而起的方
案，其架構為何？精神又如何？今日台灣高等教育，究為精英教
育？抑或普及教育？擴大教育對象之終極目標與學生素質為何？
王安石教改主張，做成三件大事：一為改革科舉考試制度；二為
改革學校制度；三為改革學校教育內容，於一千年後，其背景、
經驗、實施，或有可供今日教育決策者之參考。

　　至若韓愈、柳宗元、王安石教育觀之思想基礎、教育目標與
宗旨、陶冶人才、教材教法、學習方法，非本緒論所述及者，另
見本書專章論述，敬祈指正。

第二章　韓愈教育觀析論

前　言

　　韓愈爲唐代著名之文學家與思想家，其思想反映中唐由衰亂轉向興盛之契機，表現匡世濟民、革故鼎新之願望與理想。皮日休稱其：「蹴楊墨於不毛之地，蹂釋老於無人之境。」使儒學「巍然而自正。」①歐陽脩云：「韓氏之文之道，萬世所共尊，天下所共傳而有也。」②蘇軾謂韓愈爲「文起八代之衰，而道濟天下之溺。」③韓愈又是教育家；皇甫湜〈韓文公墓誌銘〉稱其「講評孜孜，以磨諸生。恐不完美，游以詼笑嘯歌，使皆醉義忘歸。」是知其班級經營生動活潑，能使學生沈浸且樂在其中。

　　《舊唐書・韓愈傳》謂：愈「大抵以興起名教，弘獎仁義爲事。」以儒家「道統」繼承人自居，以振興儒學爲使命，積極闡揚儒家學說與綱常名教，力圖以儒家學說回應佛、道二家教義，其教育思想亦反映此一特點。

　　本章爲探究退之教育思想，故以韓文爲根基，本諸「知人論世」《孟子・萬章下》之原則，析論其教育思想、人性論、學習觀、

---

① 〈請韓文公配饗太學書〉。
② 〈記舊本韓文後〉。
③ 〈潮州韓文公廟碑〉。

人才觀及對後世之影響。

第一節　生平與教育事迹

韓愈，字退之，生於唐代宗大曆三年（公元七六八）④，死於穆宗長慶四年（八二四），得年五十七歲。籍貫原爲孟州河陽（今河南省孟縣），嘗自稱昌黎（今河北省盧龍縣）人，乃言其「郡望」，非實際籍貫，後人稱爲昌黎先生。官至吏部侍郎，後世又稱韓吏部。死後諡「文」，故又稱作「韓文公」。

愈幼年時，處境極苦，未滿三歲，即喪父母，由伯兄韓會撫養。十歲隨伯兄貶居韶州（今廣東曲江）。十三歲時，伯兄又死，遂由賢嫂鄭氏鞠養成長。愈年幼時，即知刻苦讀書，「日記數千百言」。雖無教師指點，仍自習六經百家而無不通曉。十九歲，到長安參加進士試，惜於唐德宗貞元四、五、七年三次應試，均落榜。至八年（七九二），二十五歲，四試於禮部，始登進士第。唐代制度，士子中進士後，尙須經吏部考試，方得正式任官。愈於貞元八、九、十、十一（七九五）年，四度以博學鴻詞科試於吏部，皆不獲選，十年猶布衣。⑤遂於貞元十一年正月至三月，三上宰相書求仕，當時宰相趙憬、賈耽、盧邁置之不理，退之鬱鬱不得志，於同年五月自京城長安東歸故里。後由節度使張建封辟爲推官，始入政界，先任「推官」，爲地方官吏，繼而調爲四門博士，從事教授生活。其後出爲縣令，入爲國子博

---

④　以下換算成公元者，均不另著「公元」二字。
⑤　《舊唐書・韓愈傳》；《新唐書・韓愈傳》。

士者二次，惟總以才高受屈，憤懣不平之〈進學解〉即爲任國子博士時所作。在四門館、太學與國子學講授儒家經傳，指導學生求道、進德、修業之外，對改革或發展官學，有極大貢獻。

　　唯因生當中唐時期，藩鎮割據、佛教盛行之外，黨爭激烈。在複雜黨爭中，退之多次遭貶謫，政治仕途並不得志，嘗自謂：

> 愈少鄙鈍，於時事都不通曉，家貧不足以自活，應舉覓官，凡二十年矣。……性本好文學，因困厄悲愁，無所告語，遂得究窮於經、傳、史記、百家之說，沈潛乎訓義，反復乎句讀，礱磨乎事業，而奮發乎文章。〈上兵部李侍郎書〉

四十歲後，以佐裴度平淮西而擢爲刑部侍郎。元和十四年（八一九），憲宗遣使持香花迎佛骨，愈以〈論佛骨表〉諫阻此事，遂貶爲潮州刺史（今廣東潮安），在潮州刺史任內，曾捐薪創辦鄉校，聘進士趙德爲師，以教導當地子弟。積極提倡鄉校，教養後生，〈潮州請置鄉校牒〉謂：

> 孔子曰：「道之以政，齊之以刑，則民免而無恥。」不如以德禮為先，而輔以政刑也。夫欲用德禮，未有不由學校師弟子者。此州學廢日久，進士明經，百十年間不聞有業成貢於王庭、試於有司者。人吏目不識鄉飲酒之禮，耳未嘗聞鹿鳴之歌。

終使該地由草昧而向化。又〈國子監論新注學官牒〉批評吏部做法，曰：「近年吏部所注，多循資敘，不考藝能，至令生徒不自勸勵。」蓋以退之所選用學官乃「有經藝、堪訓導生徒」之人，選師重才、重德、重藝，不重資蔭；收召教育對象，亦當如是。

　　綜觀退之一生對教育事業之獻身，尚可概括三項成就：貞元十八年（八○二）春，其任四門博士時，請求恢復國子監生徒；

任國子博士時，作〈師說〉、〈進學解〉等與教育有關之論文；任國子監祭酒時，曾奏請嚴選儒生為學官，主張每日會講，整頓國學。〈請復國子監生徒狀〉曰：

> 國子監應三館學士等準六典，國子館學生三百人，皆取文武三品已上及國公子孫，從三品已上曾孫補充。太學館學生五百人，皆取五品已上及郡縣公子孫，從三品已上曾孫補充。四門館學生五百人，皆取七品已上及侯、伯、子、男子補充。
>
> 國家典章，崇重庠序，近日趨競，未復本源。至使公卿子孫，恥遊太學，工商凡冗，或處上庠。今聖道大明，儒風復振，恐須革正，以贊鴻猷。今請國子館並依六典，其太學館量許取常參官八品已上子弟充，其四門館亦量許取無資廕有才業人充。如有資廕不補學生應舉者，請禮部不在收試限。

此狀請求朝廷：一、按照《唐六典》規定，恢復原有招生名額，蓋此舉與發展教育，培養服務人才，關係至鉅。二、「量許取常參官八品已上子弟充」，可使官階較低之「常參官」子弟亦得有進太學館學習之機會；至若「量許取無資廕有才業人充」，則使原僅招收七品以上及侯、伯、子、男之子以外，「庶人」子弟亦得有進四門館學習之機會。此二建議，在當時誠屬難能可貴。三、「如有資廕不補學生應舉者，請禮部不在收試限」之建議，係有鑒當時官僚子弟不願進官學以攻讀儒家經典，唯冀揣摩詩賦以應進士試。退之以為此舉極不利於培育真正領袖人才，故建議：凡「有資廕不補學生」，即有門廕而不進官學讀書，以逕自應舉者，禮部不可准其參加考試。韓愈此一請求，明確表示不滿

昔日太學之混亂與積弊，進而提出整頓改革，以辦好太學，爲唐朝中興培育有用之才。可知其理想人才，必須受儒家思想教育，而非僅以「文采」見長。⑥又要求所屬各縣，普遍推行鄉校制，講授六藝經傳。在其倡導下，「潮人始漸向學，書聲琅琅，遍及濱海。」⑦

　　不久改袁州刺史。其後又召入京來，爲國子監祭酒，即現今國立大學校長。穆宗即位，奉召回京爲兵部侍郎，終以宣撫鎮州有功，轉拜吏部侍郎，直至長慶四年（八二四）病卒，年五十七歲。⑧

第二節　師道觀

　　有唐一代爲佛道兩家盛行之社會，其中尤以佛教爲甚，帝王將相以降，競相信奉，幾成國教。至於政府設立學校，早自武后起，即已等同虛設⑨，朝廷開科取士，僅以進士一科得勢，其專重詩賦，一部《文選》成爲唯一必讀之書。士人應考，可單獨誦習，不賴師友相助。故唐代社會之教育風氣，幾已中斷。唯門第世家子弟，尚有家庭教育未盡廢棄者，其他孤寒子弟，皆以自修出身，師弟子之名，亦漸沒落。

　　中唐之時，幸得韓愈挺身而出，提倡師道，此舉雖於韓愈死

---

⑥　鄧潭洲《韓愈研究》，湖南教育出版社（1991年5月）。頁204-5。
⑦　林大欽《韓江雜記》。
⑧　李翶〈故正議大夫行尚書吏部侍郎上柱國賜紫金魚袋贈禮部尚書韓公行狀〉。
⑨　《新唐書·卷四十四·選舉志》。

後，繼起無人。然對於宋代儒學復興影響甚鉅。⑩或謂退之終究為一文學家，致力宣揚古文，然韓愈以傳授中國傳統儒家思想，或著書立說，以提倡儒家教育思想自負，或倡言為人師，論其精神，實以儒家教育思想為宗旨。

一、尊師重道

退之提倡師道，與其倡古文、闢佛老思想，相為表裡，而此中心思想即為：保衛儒家道統，傳授倫常大道。嘗批評魏晉以來不習先王之教，不從孔孟之道。主張「學古道，則欲兼通其辭；通其辭者，本志乎古道者也。」〈題歐陽生哀辭後〉其重視「學所以為道」〈送陳秀才彤序〉之思想，對教育發展影響重大。學習古文遂成為教育之重要內容與方法；反對形式主義，倡言言之有物。有感於「師道之不傳也久矣」〈師說〉，奮起為師，並作〈師說〉，柳宗元以彼時為人師者不容於時，韓愈所為：

> 由魏晉以下，人益不事師。今之世，不聞有師，有則譁笑之為狂人，獨韓愈奮不顧流俗。犯笑侮，收召後學，作〈師說〉，因抗顏而為師，世果群怪聚罵，指目牽引，而增為言詞，愈以是得狂名。〈答韋中立論師道書〉

〈師說〉之基本論題，與「學所以為道」相同，二者精神均為「衛道」，係作於唐德宗貞元十九年（八〇三），三十五歲，中進士第之後十年，時任監察御史；雖官職不高，然在文壇已嶄然見頭角，為使古文運動有更好開展，非僅於理論與實踐中刻苦自

---

⑩ 劉復生《北宋中期儒學復興運動·第三章·古文運動的再起與儒學復興思潮》，文津出版社（民80年）。頁61-85。

勵，且與同道廣泛交往，收召後學。

　　唐代以科舉取士，一些貴游子弟多憑門第或祖先餘廕，即可躋身朝廷，飛黃騰達，因此彼等恥於從師，且對收召後學、敢於公開傳道者，往往加之以「狂」名，一時蔚為風氣。韓愈作〈師說〉，即在針砭此一陋習。全篇反覆闡述從師求學之必要性與重要性，評量教師職責，提出選擇老師之標準、從師目的，並抨擊士大夫傲慢自大，悖棄師道之妄行可恥，均足以證明師為道之化身，「道之所存，師之所存。」繼承並發揚〈學記〉「師嚴道尊」之思想，將師與道緊密聯繫；無道即不成其為師，不從師亦無從學其道。從師之目的即為習道，無論在當時或現今，均具鑒戒意義。是故教師之三項職責：傳道、授業、解惑，係教師須對學生教導思想道德教育、儒家經典等知識文化教育，並對學生學習時之疑難問題予以解惑，俾發展學生德育與智育之能力。

　　韓愈所謂之道，必須是孔孟之道，且尊師、受教、作學問，亦所以為道。⑪對道之傳承與內容、系統及純粹與否，極其重視。〈答尉遲生書〉文首即曰：

　　　　夫所謂文者，必有諸其中，是故君子慎其實；實之美惡，
　　　　其發也不揜：本深而末茂，形大而聲宏，行峻而言厲，心
　　　　醇而氣和；昭晰者無疑，優游者有餘；體不備不可以為成
　　　　人；辭不足不可以為成文。愈之所聞者如是，有問於愈者，
　　　　亦以是對。⋯⋯所能言者，皆古之道。

〈送陳秀才彤序〉開宗明義曰：

---

⑪　任時先《中國教育思想史‧第八章、隋唐的教育思想‧第二節‧儒學派教育思想》，臺灣商務印書館（民53年11月）。頁151。

読書以為學，纘言以為文，非以誇多而鬥靡也；蓋學所以
為道，文所以為理耳。

〈答李秀才書〉謂：

愈之所志於古者，不惟其辭之好，好其道焉爾。

上述三文均昭示退之好古道，至若〈答李翊書〉論及從事文學創
作時之根本態度，以其實際經驗，明白揭示：「非三代、兩漢之
書不敢觀。」要刻苦學習並認真汲取古代經典之精華，故其為承
繼道統，排斥三代、兩漢以後學者之注疏，代之以承繼孔、孟學
術思想之著作，潛心體會聖賢立身處世之道，以充實文章辭氣。
終可成就「侈之以詩、書、六藝之學，先聖賢之德音，以成其
文，以輔其質。」〈送楊支使序〉

綜觀韓愈一生為人忠義剛正，在外為縣令、為刺史數次，皆
有政聲；入內為博士、為祭酒，誠懇講學，莫不得學生信賴。論
其掃蕩駢體時文，領導古文振弊起衰，可謂文學界之革命家；論
其辨儒闢佛，堂堂正正，可謂衛道之健將；論其成就後進，敢以
師道自任，又係當時唯一之教育家。一生雖遭遇不佳，且或蒙時
人訕笑，然其死後，名譽反增，不僅文章被仰當泰山北斗，且其
衛道闢佛諸言論，雖宋儒亦稱其為孟子以後第一有功者。[12]

二、獎掖後進

退之明確規定教師職責，「師者，所以傳道、授業、解惑
也。」〈師說〉對師道不傳之嚴重後果與當時士大夫不重視師道之
愚昧行為，提出嚴正撻伐，是以先王之教最重師道。「師與君父

⑫　陳東原《中國教育史‧第三編‧第十九章‧第三節》。頁 198。

並列」、「師嚴而後道尊」,由來已久。爲師有兩科:童子之師在授之書,而習其句讀;成人之師在傳道、授業、解惑。易言之:小學教育,在誦說經文;大學教育,在講明道理,二者職責有實質差異。旣知教師職責重要,故須學有專長。〈潮州請置鄉校牒〉謂趙德:「沈雅專靜,頗通經,有文章,能知先王之道,論說且排異端而宗孔氏,可以爲師矣!」可視作韓愈對鄉校教師職責之要求。

師生關係首應以「道」爲中介而繫聯之,凡可勝任傳道、授業、解惑三項任務者,即可爲師,教師無年齡、地位、資格等限制。是故「德行若顏回,言語若子貢,政事若子路,文學若子游,猶且有師。非獨如此,雖孔子亦有師,問禮於老聃,問樂於萇弘是也。」〈進士策問十三首〉

又「聖人無常師,孔子師郯子、萇弘、師襄、老聃。郯子之徒,其賢不及孔子。孔子曰:『三人行,必有我師焉。』是故弟子不必不如師,師不必賢於弟子。聞道有先後,術業有專攻,如是而已。」〈師說〉旣發揚尊師重道之精神,又避免「唯師是從」之弊病,繼承孔子「當仁不讓於師」之傳統。學海無涯,任一方面強於己者,即應拜爲老師而學習之。所謂「無貴無賤、無長無少,道之所存,師之所存也。」〈師說〉以先覺覺後覺,以知教不知,引孔子言行爲證,說明人必有師,教師於學生亦僅是相對而言也。

退之一生致力於提倡古文,且極爲重視培育、獎掖青年後輩。凡有年輕人謙虛求教者,必不吝於言辭而傾囊相授,此類信札遂成爲唐代論文作品中之名篇。〈答尉遲生書〉謂尉遲汾「所爲皆善矣,謙謙然若不足,而以徵於愈,愈又敢有愛於言乎?」

〈答劉正夫書〉全篇起筆即以眞摯情感、深長寓意、謙卑態度，引入後進與先進之關係：「先進之於後輩，苟見其至，寧可以不答其意耶？來者則接之，……有來問者，不敢不以誠答。」矧乎退之與劉正夫爲先後期中進士：

> 愈於足下，忝同道而先進者，又常從遊於賢尊給事，既辱厚賜，又安得不進其所有以為答也。

然篇中述及「而愈不幸，獨有接後輩名，名之所存，謗之所歸也。」其中一「獨」字，蒼涼感慨，將師道不復，而自己又不爲社會所容之落寞，從肺腑中奔迸而出。唯「有來問者，不敢不以誠答。」依舊情眞意切。又〈進士策問十三首〉曰：

> 問：古之學者必有師，所以通其業、成就其道德者也。由漢氏已來，師道日微，然猶時有授經傳業者，及于今則無聞矣。德行若顏回，言語若子貢，政事若子路，文學若子游，猶且有師。非獨如此，雖孔子亦有師，問禮於老聃，問樂於萇弘是也。今之人不及孔子、顏回遠矣，而且無師。

退之對後學亦盡力獎掖提攜。〈贈別元十八協律六首〉第四首吟曰：

> 讀書患不多，思義患不明。患足已不學，既學患不行。子今四美具，實大華亦榮。王官不可闕，未宜後諸生。嗟我擯南海，無由助飛鳴。

對受贈者讀書多、思義明，學不止、見諸行，予以讚美，勸其出仕，並嘆息自己遠擯南海，無力助人青雲直上。

〈答李翊書〉自述學習古文過程與經驗，爲後進指示途徑，懇切周詳，諄諄善誘，表現退之對待青年之熱誠。〈答呂醫山人書〉自道獎勵後進，與信陵君之取士本質不同；一是爲己，一是

維護「聖人之宗」，以向朝廷推薦「趨死不顧厲害之人」。〈送董邵南序〉深委屈曲，高情遠韻，妙於轉折，意在言外，使董生讀之，不能不深感退之眞情實意，誨人以誠之品德。

又退之嘗因重視教育，直接獻身教育工作，熱心獎掖後進，以李賀爲例。賀七歲能辭章，韓愈始聞未信，過其家，使賀賦詩，賀援筆立成，愈驚，自此器重李賀。愈嘗勸賀參加河南府鄉貢進士試，俾再投考於長安舉行之全國進士試。元和五年（八一○），李賀應試中舉。時韓愈爲河南令，曾宴請包括李賀在內之中舉秀才，並即席賦詩：「勉哉戒徒馭，家國遲子榮。」〈宴河南府秀才詩〉其後，賀上京趕考，然因聲名招妒，或散布言論謂李賀父名晉肅，「晉」、「進」同音，按子避父諱規定，不應參加進士試。反之，即爲「嫌名律」，係對君父不敬。此雖非唐朝成文法律，唯衡諸當時社會，被視作恪守禮法之準繩，且此一意識於社會中根深柢固，李賀在如是壓力下，唯有退讓一途，不再考進士試，愈特爲李賀鳴不平，遂作〈諱辯〉，除可見其抗衡時俗，且見其提攜後進，愛惜人才之不遺餘力。

〈贈張童子序〉「前半志選舉，疏健；後半勖童子，簡宕。」曾國藩《求闕齋讀書錄》對張童子既有褒獎，又有勸勉與告誡。因退之與張童子年齡差距較大，故行文溫厚委婉，含蓄周到，語氣中肯，辭句妥貼，表現韓愈對年輕人一貫關注與愛護之精神，同時，亦可見退之古道熱腸、誠以待人之性格。

〈柳子厚墓誌銘〉述及柳宗元至柳州後「因其土俗爲設教禁，州人順賴。」復大書「衡湘以南爲進士者，皆以子厚爲師。其經承子厚口講指畫爲文詞者，悉有法度可觀。」是知退之熱心教育，亦重視他人作育英才。

三、師生互動

〈進學解〉曰：「夫大木爲杗，細木爲桷，欂櫨侏儒，椳闑扂楔，各得其宜，施以成室者，匠氏之工也。玉札丹砂，赤箭青芝，牛溲馬勃，敗鼓之皮，俱收並蓄，待用無遺者，醫師之良也。」教師教導學生，須如木工處理木材，各盡其用，毫無廢棄。若教師能各因其材而施教，誠如工匠造就有用人才。又引用良醫儲藏各種豐富藥材，以備隨時取用之例，並說明無論教師或學生，欲豐富學識，必須旁搜遠紹，以爲知識積累。〈與馮宿論文書〉作於貞元十二（七九六）至十三年（七九七）間，時愈任汴州觀察推官，文末提及李翱與張籍從其學古文，曰：

> 近李翱從僕學文，頗有所得，然其人家貧多事，未能卒其業。有張籍者，年長於翱，而亦學於僕，其文與翱相上下，一二年業之，庶幾乎至也。然閱其棄俗尚而從於寂寞之道，以之爭名於時也。久不談，聊感足下能自進於此，故復發憤一道。

其對學生之年齡、家庭背景、性向均極爲關心、瞭解，且有良好之師生互動。茲舉證如下：

㈠張籍

韓愈於貞元十一（七九五）至十五年（七九九）結識張籍。張籍以詩鳴於世，寫信致退之，就其從事古文及處世態度等方面，直率提出批評與意見。《新史》[13]載：「籍性狷直，嘗責愈喜博塞，及爲交雜之說，論議好勝人，其排佛老，不能著書若揚

---

[13] 《新唐書·卷一百七十六·列傳第一百一·張籍傳》。

雄、孟軻以垂世。」退之據此作覆，有〈答張籍書〉。文中對張籍指責一一進行答覆並給予照應，闡明一己對著書傳世之論點；或據理力爭，或懇切辯析，或謙虛自承，因文、因人而理中有情，抑揚頓挫，跌宕多姿，氣勢充沛。

(二)李翱

〈答李翱書〉以李翱雖在京城任校書郎等職，唯因「執政雖重其學而惡其激訐，故久次不遷。」[14]又「家貧多事」，韓愈以其不暇悲我而自悲，勸其「愼其所之」。蓋李翱爲韓愈知己，推心置腹，遂吐此眞言。全篇情眞語切，紆餘頓挫。

又〈與馮宿論文書〉提及李翱爲弟子中佼佼者之一，試觀李翱〈與陸傪書〉亦曰：「思我友韓愈，非茲世之文，古之文也；非茲世之人，古之人也。其詞與其意適，則孟軻旣沒，亦不見有過於斯者。」李翱推崇退之風神怡悅，韻在絃外，「當其下筆時，如他人疾書之，寫誦之，不是過也。其詞乃能如此。」是故韓愈死，李翱撰祭文，「臨喪大號，決裂肝胸。」

(三)李翊

〈答李翊書〉爲貞元十七年（八〇一）、退之在京師長安所作，自述學習古文之心路歷程與實際經歷，爲後進指示途徑，懇切周詳，諄諄善誘，流露其對於青年學子李翊之熱忱。故於自道爲文二十餘年所得，能字字從精心撰出。

(四)劉正夫

若謂〈答李翊書〉是論用功節奏，則〈答劉正夫書〉是論文要旨。愈以眞摯情感，深長寓意，謙卑態度，引入後進劉正夫與

---

[14]　《舊唐書‧卷一百六十‧列傳第一百一十‧李翱傳》。

自身之關係，其中言及名之所存，謗之所歸；情眞意切。退之旁
徵博引，巧譬善喻，曰：

> 足下家中百物，皆賴而用也，然其所珍愛者，必非常物。
>
> 夫君子之於文，豈異於是乎！

退之並指出：爲文「若皆與世沈浮，不自樹立，雖不爲當時所
怪，亦必無後世之傳也。」〈答劉正夫書〉雖是與後生論爲文之
道，然毫無說教意味。語言樸茂，比喻貼切，說理透闢，清張伯
行《重訂唐宋八大家文鈔》謂：「此篇論文是昌黎公登峰造極之
旨，曰『師其意不師其辭』，曰『無難易惟其是爾』，曰『用功
深者，其收名也遠。』曰『能者非他，能自樹立，不因循者是
也。』爲文本領，何其切至，公可謂文中之聖矣。」又錢基博
《韓愈志》以爲：「〈答李翊書〉調適而暢遂；〈答劉正夫書〉
生拗而遲重，然跌宕昭彰，一也。」二文對後進問學之提示指
點，反映韓愈對後進循循善誘，且因材施教之懇切態度。

㈤區册

〈送區册序〉爲貞元二十年（八〇四）秋，有一名區册者，
自南海泛舟而來，欲與退之誓言相好。其後，二人相處果然投
契。貞元二十一年正月，區册欲回南海省親，退之作此序爲其送
行，既有自勉自慰，亦欲嘉勉區生：身處逆境，然尊儒傳道之志
不可變，除對區生以詩書仁義之說予以誘導，讚許區生「若能遺
外聲利而不厭乎貧賤」，則安貧樂道之心堅定，不爲名繮利鎖困
擾。

㈥董邵南、崔群、呂䚴山人、孟郊等

當退之既無法勸阻董邵南投效藩鎮，遂委婉含蓄，作〈送董
邵南序〉，眞誠勸告董生，冀望董生成一忠義之士。〈與崔群

書〉係勉勵同年進士崔群，勿須懈怠。〈答呂毉山人書〉說明自己獎掖後進，「不能如信陵執轡者」，實因與信陵君取士之本質有所不同；彼係爲己，退之則爲維護「聖人之宗」：

> 方今天下入仕，惟以進士明經，及卿大夫之世耳。其人率皆習熟時俗，工於語言，識形勢，善候人主意。故天下靡靡，日入於衰壞，恐不復振起。務欲進足下趨死不顧利害去就之人於朝，以爭救之耳，非謂當今公卿間無足下輩文學知識也。不得以信陵比。

向朝廷推薦「趨死不顧利害去就之人於朝」，故而韓愈雖收召弟子，廣接賓客，然非浮濫收召，是與生友講論聖賢之道在先，繼而觀察其程度，若呂毉「未中節」，則待其「少安無躁」。

　　〈與孟東野書〉勉勵較自己年長十七歲之孟郊，文末提及李翺、張籍，三人才氣相當，命運相似，又同爲韓愈好友，孟郊將因此倍感親切而減少落寞之情。

　　凡經退之傳授指導者，皆自稱「韓門弟子」。⑮就中以李翺、李漢參看《韓昌黎文集校注‧序》、皇甫湜參看皇甫湜〈韓文公墓誌銘〉等人乃弟子中之著有成就者。⑯能將其教育思想、教學理論，付諸實際著述與教學，豐富我國古代教學理論。

第三節　人性論

　　韓愈人性論，繼承孔子「唯上智與下愚不移」之觀點，及漢

---

⑮　《新唐書‧本傳》：謂韓愈「成就後進士，往往知名；經愈指授，皆稱『韓門弟子』」。
⑯　參考《朱子校昌黎先生集傳》、《新唐書‧本傳》。

朝董仲舒「性三品」說，且受東漢荀悅影響，作〈原性〉，其論點可析爲五：

㈠性是先天固有，人生而有性；情是後天，與物接觸後感應而生，所謂「性也者，與生俱生者也；情也者，接於物而生者也。」

㈡性之品級有上、中、下三等。上等「性」是善，下等「性」是惡，唯中等「性」可善可惡，所謂：「上焉者，善焉而已矣；中焉者，可導而上下也；下焉者，惡焉而已矣。」

㈢無論何等品級之「性」，皆具仁、義、禮、智、信五常之性。上等性之人，氣質清明，僅需在五種善性中，有其主要之一種，其餘四者亦相應同時具備；中等性之人，氣質較濁，「五性」若即若離，有一或偏多或偏少，其餘必雜而不絕；下等性之人，氣質最壞，五性沒有根柢，若其行爲一有相反，其餘四種均隨之而壞。

㈣人類之性，既有三品，其情亦可分爲上、中、下三等，無論何等人皆具喜、怒、哀、懼、愛、惡、欲七「情」。上等之人，情感發生，莫不合乎中道；中等之人或過與不及，但自知隨時求合於中；唯有下等之人，過與不及，縱情所爲，漫無節制。〈原性〉謂：其所以爲情者七：曰喜、曰怒、曰哀、曰懼、曰愛、曰惡、曰欲。上焉者之於七也，動而處其中；中焉者之於七也，有所甚、有所亡，然而求合其中者也。下焉者之於七也，亡與直情而行者也。

㈤「性」與「情」一致，「性」有變化傾向，「情」亦隨之而變。性分三等，情亦有三等。「性之於情，視其品。……情之於性，視其品。」⑰

　　韓愈以爲「孟子之言性曰：人之性善；荀子之言性曰：人之
性惡；揚子之言性曰：人之性善惡混。夫始善而進惡，與始惡而
進善，與始也混而今也善惡，皆舉其中而遺其上下者也，得其一
而失其二者也。」〈原性〉批評孟子、荀子、揚雄三人立論均「得
其一而失其二」，言人性善則僅就上品者言，言人性惡則僅就下
品者言，言人性善惡混者僅顧及中品者。是故韓愈不取孟子、荀
子、揚子之性善、性惡、性善惡之說，主張「性有三品」、「情
有三品」。〈原性〉謂：

> 性也者，與生俱生也，……性之品有上中下三，上焉者善
> 焉而已矣，中焉者可導而上下也。下焉者惡焉而已矣。……
> 孟子之言性曰人之性善，荀子之言性曰人之性惡，揚子之
> 言性曰人之性善惡混。夫始善而進惡，與始惡而進善，與
> 始也混而今也善惡，皆舉其中而遺其上下者也，得其一而
> 失其二者也。

針對孟、荀、揚子之說，均有增補與發揮。

　　孟子謂，人有仁、義、禮、智四「善端」，韓愈增至爲五，
且進而分析上、中、下三品之人性區別與關係，對孟子以降之人
性論予以補充與修正，係韓愈以前之儒家學者未嘗言者。《荀子
‧性惡》：

> 若夫目好色，耳好聲，口好味，心好利，骨體膚理好愉佚，
> 是皆生於人之情性者也。……今人之性，生而有好利焉，
> 順是故爭奪生而辭讓亡焉。生而有疾惡焉，順是故殘賊生

---

⑰　〈原性〉。可參看陳東原《中國教育史‧第三編、半封建時代前期的教
　　育》。頁198-9。

而忠信亡焉。生而有耳目之欲，好聲色焉，順是故淫亂生
而禮義文理亡焉。然則從人之性，順人之情，必出於爭奪，
合於犯分亂理，而歸於暴。

荀子將性與情混合一談，退之則將二者區分，雖荀子早已提出
「耳目之欲」、好惡之情，為退之「七情」張本，然韓愈在儒家
學者人性論中，對七情提出新內容，遂使中國教育心理學史之發
展，在一千二百年前，即有論述與發展。〈原性〉論性三品與教
育之關係：

性之上下者其終不可移乎？曰：「上之性，就學而愈明；
下之性，畏威而寡罪。是故上者可教，而下者可制也。其
品則孔子謂不移也。」

退之肯定教育之功效，以為中品之性，「可導而上下」，上品之
性由於「就學而愈明」，亦會有作用。下品之性，則不是「可
教」與否，而是「畏威而寡罪」、「可制」。亦即上等之人品質
雖善，倘受教育則更好；下等之人品質雖惡，難以使其向善，然
以刑罰制裁，亦可使其不敢為惡。所謂「上之性就學而愈明，下
之性畏威而寡罪；是故上者可教而下者可制也。」

若能受先王之教，則應用無窮，「以之為己，則順而詳；以
之為人，則愛而公；以之為心，則和而平；以之為天下國家，無
所處而不當。」[18]

韓愈之前論人性三品者，有董仲舒、荀悅：

(一)董仲舒

人性問題涉及教育目的、教學方法。西漢董仲舒爲加強朝廷統治與緩和政治對立，重視教育，認爲教育係防奸養士、鞏固統治之重要工具；統治者應將施行教化置於施政之首位，即所謂「前德而後刑」，遂提出「性三品說」，以爲人性係天生，「性者，天資之樸也；善者，王教之化也。無其質，則王教不能化；無其王教，則質樸不能善。」《春秋繁露・實性》將人性視爲一毫不雕鑿之原石，其天生自然之質，謂之性，故人性無所謂善惡，然可分爲三等：聖人之性、中民之性、與斗筲之性。聖人者，能「法天而立道」《前漢書・董仲舒傳・對策一》，彼等與天溝通，體察天意，代天行事，能「見人之所不能見者。」《春秋繁露・郊語》「知天地鬼神」、「人事成敗」、「古往今來」，故《春秋繁露・王道通三》曰：「聖人之道，同諸天地。」反之，「斗筲之人」乃市井小民者流，「民之號，取之瞑也。」「民之爲言，固猶瞑也。」《春秋繁露・深察名號》以「民」、「瞑」相通之義，說明天生瞑頑昏昧者流，須接受統治者之教化。

退之以爲，聖人創造歷史，領導群衆，與生即具上品之「善」性，勞動人民具有下品之「性惡」，中間階層則屬中品之性，可以「導而上下」。〈原性〉謂：「性之品有上、中、下三：上焉者，善焉而已矣；中焉者，可導而上下也；下焉者，惡焉而已矣。」顯見退之繼承董仲舒性三品之說，然復有所開展，以爲人不僅有性，尚且有情，性爲情之基礎，性爲與生具有，情乃與客觀事物接觸時，產生之內心反映。〈原性〉曰：

> 性也者，與生俱生也；情也者，接於物而生也。性之品有三，而其所以爲性者五；情之品有三，而其所以爲情者七。

構成性之具體內容爲「仁、禮、信、義、智」，即所謂「五

德」。然各人「五德」之程度不同，故人性分爲上、中、下三品。且構成情之具體內容爲「喜、怒、哀、懼、愛、惡、欲」，即所謂「七情」。情與性相應，亦分爲上、中、下三品。上品之性發爲上品之情，下品之情必來自下品之性。〈原性〉謂：

> 上之性就學而愈明，下之性畏威而寡罪，是故上者可教，而下者可制也。

「上品」之性生來即善，故「就學而愈明」；「下品」之性則不堪教化，故僅能以刑罰予以懲處，使其「畏威而寡罪」，統治者可施行刑罰以成就其性。

至若退之之人性論與董仲舒相較，二者有相似或相異處，唯其對人性之分析，已較董仲舒複雜與深化。[19]然董子「性三品說」，經韓愈發揮，至宋明理學家仍繼承此一思想，並提出天命之性、氣質之性以及天理、人欲之辨。「存天理，去人欲」成爲社會道德教育之正統觀念，進而強調道德教育之必要。明清之際，王夫之、顏元等人對於人性與教育、先天素質與道德、理與欲、形與性、性與才等之探討，韓愈人性論有居中策應，以啓後學之功效。[20]

(二)荀悅

退之論性，與東漢荀悅「三品」之說有相同處。[21]《申鑒·政體第一》：

---

⑲　參看楊榮春《中國封建社會教育史·第三章唐代的教育·第五節韓愈的教育思想》，廣東人民出版社（1985年5月）。頁182。

⑳　毛禮銳主編《中國教育史簡編·第四章古代的教育思想·第三節關於道德教育的理論和原理》，北京：教育科學出版社（1984年）。頁268。

㉑　鄧潭洲《韓愈研究·第三章·韓愈的哲學思想》。頁178。

君子以情用，小人以刑用。榮辱者，賞罰之精華也。故禮教榮辱以加君子，化其情也；桎梏鞭扑以加小人，治其刑也。君子不犯辱，況於刑乎？小人不忌刑，況於辱乎？若夫中人之倫，則刑禮兼焉；教化之廢，推中人而墜於小人之域；教化之行，引中人而納於君子之途。

荀悅主張榮辱施於君子，而刑罰加於小人。君子與小人之別在於教化。君子不願受辱，更何有於刑；小人不忌刑，更何恤乎辱。惟是中人之類，有教化，則引而致於君子之途；無教化，則推而墜於小人之域，足見教育之重要。退之曰「性也者與生俱生也，情也者接於物而生也。」〈原性〉是將孔子「性相近也，習相遠也。」《論語‧陽貨》之「習」改為「情」，意思則同，比諸孟、荀、揚雄將人性看作絕對之善、惡，退之更接近孔子原意。

中國古代教育之終極鵠的，一言以蔽之，為造就修己治人之治術人才，其核心是所謂之「明人倫」，具體言之，包括德行與道藝二方面，或可謂「尊德性，道問學。」依此決定教學目標與任務，係以提高道德修養為中心，掌握詩、書、禮、樂等歷史文化知識，發展思維能力與應世從政之素養。〈學記〉所謂：「一年視離經辨志，三年視敬業樂群，五年視博習親師，七年視論學取友，謂之小成。九年知類通達，強立而不反，謂之大成。」此即對古代教學目標與任務之具體闡述。韓愈提出教師職責在於傳道、授業、解惑，倡「學所以為道」〈原道〉與〈送陳秀才彤序〉，即是明確指出教學之終極目標與應完成之任務。

一、明先王之教，學聖人之道

退之於魏晉玄學盛行之後，佛教廣傳之時，重張維護儒家道

統之大纛，提出「明先王之教」，以爲教育宗旨不外「仁義道德」四字。先王之教爲何？〈原道〉曰：

> 夫所謂先王之教者，何也？博愛之謂仁，行而宜之之謂義，由是而之焉之謂道，足乎己，無待於外之謂德。其文：《詩》、《書》、《易》、《春秋》；其法：禮、樂、刑、政；其民：士、農、工、賈；其位：君臣、父子、師友、賓主、昆弟、夫婦；其服：麻、絲；其居：宮、室；其食：粟米、果蔬、魚肉；其爲道易明，而其爲教易行也。是故以之爲己，則順而祥；以之爲人，則愛而公；以之爲心，則和而平；以之爲天下國家，無所處而不當。是故生則得其情，死則盡其常，郊焉而天神假，廟焉而人鬼饗。

愈將「先王之教」概括爲「仁義道德」四字，此四字者，載之於文，爲《詩》、《書》、《易》、《春秋》；施之於法，即禮、樂、刑、政；見之於事，爲君臣、父子、師友、賓主、昆弟、夫婦以及飲食、衣服、宮室等人倫之道與生人之事。遵守先王禮、樂、刑、政，誦習古聖《詩》、《書》、《易》、《春秋》，順乎人倫及本於日用生活自然節目，即是明悉先王之教，亦即儒家教育之本。教育苟得如此，則應用無窮，所謂「以之爲己，則順而祥；以之爲人，則愛而公；以之爲心，則和而平；以之爲天下國家，無所處而不當。」至於老氏所謂「剖斗折衡」，佛氏所謂「清靜寂滅」，既違先王之教，又反自然之理，凡儒家信徒所當辭而闢之。

又以爲人才者，具備德行修養乃首要之務，繼之博學能文與行政長才。歸納言之，即德行與道業兩方面，若二者兼備，即爲理想人才，故教育目的與學習內容在於培養此一人才。具體言

之，經由教育與學習，使受教者具「仁」、「禮」、「信」、「義」、「智」五德〈原性〉，退之稱其為「先王之教」或「聖人之道」。在課業上，則通「六藝經傳」，亦即儒家經傳，包括《詩》、《書》、《易》、《禮》、《春秋》、《左傳》、《公羊傳》、《穀梁傳》、《論語》、《孝經》等典籍，此蓋基本學習內容。至若學習態度，宜加強道德修養。〈答李翊書〉謂：

> 始者非三代兩漢之書不敢觀，非聖人之志不敢存，處若忘，行若遺，儼乎其若思，茫乎其若迷，……惟陳言之務去。

退之捍衛儒家道統，反對儒家以外之學說，〈原道〉以楊、墨與老、佛並舉，一概視作異端排擊；〈與孟尚書書〉更引孟子言，以為「楊、墨交亂，而聖賢之道不明。」推尊孟子辟拒楊、墨之功，「不在禹下」；〈上宰相書〉自視「楊、墨、釋、老之學無所入於其心」；〈送浮屠文暢師序〉提問：「人固有儒名而墨行者，問其名則是，校其行則非，可以與之游乎？」自答：「在門牆則揮之。」是知退之有所學，有所不學；強調學者必須學「聖人之道」，絕不可染指於「楊、墨、老、莊、佛之學，而欲之聖人之道，猶航斷港絕潢，以望至於海也。」〈送王秀才序〉以行船譬喻，勸勉王塤，若學習得法，「則其可量也哉！」並能作古文。

　　退之努力實踐儒道，確為其人生原則之一。此一安身立命思想，使其超越僅為自身利益或為維護既得現實環境之狹隘境界，使立身行事更為積極入世，且正大光明之依據。〈與孟尚書書〉曰：

> 漢氏已來，羣儒區區修補，百孔千瘡，隨亂隨失，其危如一髮引千鈞，緜緜延延，寖以微滅，於是時也，而唱釋、

老於其間，鼓天下之眾而從之。嗚呼！其亦不仁甚矣！釋、老之害，過於楊、墨，韓愈之賢，不及孟子，孟子不能救之於未亡之前，而韓愈乃欲全之於已壞之後。嗚呼！其亦不量其力，且見其身之危，莫之救以死也。雖然，使其道由愈而粗傳，雖滅死萬萬無恨！

愈以儒道自任，以為儒道即先王之教——中國歷代相傳之民族習慣，甚合自然生活。至若玄學清談，佛教清靜寂滅，既違先王之教，又反自然之理與人常之性，韓愈經由中國古代教育之根本目的在「明人倫」以培育治術人才，故教育內容以倫理道德為主。

至若〈學記〉嘗批評彼時教學「呻其佔畢，多其訊言。及於數進而不顧其安，使人不由其誠，教人不盡其材。」韓愈深感魏晉以降，佛道勢力甚囂塵上，儒家學說倫理之教衰微，〈送陳秀才彤序〉逐強調：「學所以為道」。〈題歐陽生哀辭後〉主張：「學古道，則欲兼通其辭。通其辭者，本志乎古道者也。」可知退之承繼儒家教學之優良傳統；道德與知識二者兼顧。復以為受此先王之教，則應用無窮。

至若受教者，應能「誠意」、「正心」、「修身」、「齊家」，乃「有為」之人，又不僅獨善其身，且能兼善天下，為國家社會服務。〈原道〉〈答呂毉山人書〉文首即表明：

> 如僕者，自度若世無孔子，不當在弟子之列。以吾子始自山出，有朴茂之美意，恐未礱磨以世事；又自周後文弊，百子為書，各自名家，亂聖人之宗，後生習傳，雜而不貫，故設問以觀吾子。

尊信孔子及儒家「聖人之道」，對呂毉「恐未礱磨以世事」者，涉世不深，經驗不足，必待共同講習明道，以正「聖人之宗」。

退之身處中唐時期，藩鎮割據，佛老風行，此觝排異端之學習內容，對彼時社會有迴狂瀾於既倒之功。

二、責己重以周，待人輕以約

教育，既為維護儒家「道統」思想及倫理道德，對發揚傳統、保護文化，有積極意義。是故在道德、修養方面，退之提出律己與待人之態度：「責己重以周，待人輕以約。」〈原毀〉曰：

> 古之君子，其責己也重以周，其待人也輕以約；重以周，故不怠；輕以約，故人樂為善。聞古之人有舜者，其為人也，仁義人也；求其所以為舜者，責於己曰：「彼人也，予人也，彼能是，而我乃不能是。」早夜以思，去其不如舜者，就其如舜者。聞古之人有周公者，其為人也，多才與藝人也；求其所以為周公者，責於己曰：「彼人也，予人也，彼能是，而我乃不能是。」早夜以思，去其不如周公者，就其如周公者。舜，大聖人也，後世無及焉；周公，大聖人也，後世無及焉。是人也，乃曰：「不如舜，不如周公，吾之病也。」是不亦責於身者重以周乎！

責己重以周，則律己嚴格周密，力求精進；待人輕以約，則對人輕鬆簡單，事事體諒他人，所以遠怨咎也。嚴謹周密，可使自己平日謙虛謹慎，不至怠慢行事；輕鬆簡單，則易使他人樂意接受，改惡從善。人我雙方均為自重計，固皆黽勉為善。是故持此態度，於己有益，與人無犯。反之，其弊端顯現：

> 怠與忌之謂也；怠者不能修，而忌者畏人修。

退之指出「怠」、「忌」二字，對當時「責人也詳，待己也廉」

之社會風氣導致「事修而謗興，德高而毀來。」冀望當政者能接受此一觀點，於治國理民時之不良社會風氣加以追究研討，以推明正理，袪除俗蔽。至若身為教師或學習者，亦不可不慎乎此！是乃孔子「躬自厚而薄責於人，則遠怨矣。」《論語·衛靈公》思想一以貫之！又〈守戒〉提醒吾人「不足學」，遺禍之大：

> 今人有宅於山者，知猛獸之為害，則必高其柴柵，而外施窞穽以待之；宅於都者，知穿窬之為盜，則必峻其垣牆，而內固扃鐍以防之。此野人鄙夫之所及，非有過人之智而後能也。今之通都大邑，介於屈強之間，而不知為之備。噫！亦惑矣。野人鄙夫能之，而王公大人反不能焉，豈材力為有不足歟？蓋以謂不足為而不為耳。天下之禍，莫大於不足為，材力不足者次之。不足為者，敵至而不知；材力不足者，先事而思，則其於禍也有間矣。

所謂不足為者，係輕忽事體，以為不必為之；質是之故，縱使其人具有才能，卻因不屑有所作為，而大意失荊州，誠如〈學記〉所云：「或失則易。」至若材力不足者，如能知所戒慎，先事準備；誠如〈中庸〉所云：「人一能之，己百之；人十能之，己千之。果能此道矣，雖愚必明，雖柔必強。」「言前定，則不跲；事前定，則不困；行前定，則不疚；道前定，則不窮。」則其作為雖未必有何特殊成績，或仍可維持不墜。兩相比較，則材力不足者，其成果往往超越認為不足為者。古往今來，所謂神童者，其最終成就或不如一般困知勉行、努力為之者。[22]退之以為「君子慎其實」〈答尉遲生書〉，〈示兒〉詩曰：

---

[22] 王安石〈傷仲永〉。

　　來過亦無事，考評道精粗。韃韃媚學子，牆屏日有徒。以
　　能問不能，其蔽豈有袪。

可謂孔子「以約失之者鮮矣」《論語・里仁》之發揮。

　　退之以古之大夫與中唐時相較，則「古之君子」律己嚴而待
人寬大不苛；「今之君子」與此相反，庸碌無能，學識淺薄，非
僅不淬勵奮發，力圖上進，且自詡淵博，大言不慚。「外以欺於
人，內以欺於心。」〈原毀〉對己寬而對人挑剔非難。今之君子所
以至此，惟「怠」、「忌」二字，隨即舉親見親聞二例以爲證
明，並呼籲大人先生戮力移轉此一敗壞習氣。

第四節　學習觀

　　退之以爲學習對於人之重要性，「凡上之性就學而愈明，下
之性畏威而寡罪。」〈原性〉其〈招揚之罘一首〉以「柏生兩石
間」與「野馬不識人」，結果必是如「萬歲終不大」與「難以駕
車蓋」之比喻，說明人若不學，終將一事無成。復以「柏移就平
地」與「馬羈入廄中」，雖有「傷根」與暫時不自由，終將「千
丈日以至」與「振迅驚鞍轡」，說明歷經艱難困苦學習，方能增
長智慧，並爲社會效力。

　　韓愈爲師，於自家教育亦未嘗鬆懈。對其子韓昶講說學與不
學之差別，〈符讀書城南〉一詩，論學習之重要，有警切論述：
「人之能爲人，由腹有詩書。」人之異於禽獸者幾希？因受教育
而後有文化修養，致使吾人能安身立命於世間。是故孩提之人，
初無二致，然學與不學，其終似一龍一豬，若清溝與污渠：

　　　兩家各生子，提孩巧相如。少長聚嬉戲，不殊同隊魚。年

至十二三，頭角稍相疏。二十漸乖張，清溝映污渠。三十
骨骸成，乃一龍一豬。飛黃騰踏去，不能顧蟾蜍。一為馬
前卒，鞭背生虫蛆；一為公與相，潭潭府中居。問之何因
爾？學與不學歟！

或謂舊社會中，身為「馬前卒」而為人鞭扑欺壓者，並非全然不
學所致，有因其社會地位與家庭經濟故，況乎唐朝郡望、門閥之
限制仍然嚴苛。然韓愈針對學習現象繼之曰：「金璧雖重寶，費
用難貯儲；學問藏之身，身在則有餘。」其結論為：「君子與小
人，不系父母且。」吾人學識德行，非生而有之；乃後天學習所
致。退之以王公貴族「起身自犁鋤」，然其子弟卻因不學而「寒
飢出無驢」，說明學習之重要性。退之論述學習態度或方法之著
述豐富且全面，今可歸納得之：

一、踐履篤實，勤學深思

〈答陳生書〉對學習者要求務實學習，切莫心存僥倖：

今之負名譽、享顯榮者，在上位幾人，足下求速化之術，
不於其人，乃以訪愈，是所謂借聽於聲，求道於盲。雖其
請之勤勤，教之云云，未有見其得者也。

〈答尉遲生書〉提出為文之道，必「慎其實」。誠如「本深而末
茂，形大而聲宏。」則「行峻而言厲，心醇而氣和。」自能成就
佳篇宏文。又以道德修養之學習為例，〈答李翊書〉謂：

將蘄至於古之立言者，則無望其速成，無誘於勢利，養其
根而竢其實，加其膏而希其光。根之茂者其實遂，膏之沃
者其光曄。

退之復以一己之學文經驗，說明學無止境：

> 行之乎仁義之途，游之乎《詩》、《書》之源，無迷其途，
> 無絕其源，終吾身而已矣。

此乃退之親身經歷；學習目標既已確立，自當勉勉懇懇，踐履篤實，以勤、精、進態度力學之。

　　退之肯定勤奮對於學習之重要性，且業精行成者唯一方法為「勤」與「思」，「業精于勤，荒于嬉；行成于思，毀于隨。」㉓學業精進在於勤奮，荒疏在於嬉戲；德行完美在於謹慎深思，毀壞在於放蕩隨便。〈符讀書城南〉曰：「《詩》《書》勤乃有，不勤腹空空。」吾人欲有懿行嘉言，在於三思而後行；發揮獨立思考之能力。反之，終日嬉遊，不肯用功，學業必然荒廢；放蕩隨便，不認眞思考，德行必然墮毀。此與孔子「學而時習之」《論語‧學而》、「見賢思齊焉」《論語‧里仁》、「學而不思則罔」《論語‧為政》之論點相同。是知端正學習態度之重要。

　　然如何方能使學習勤奮？退之謂：「焚膏油以繼晷，恆兀兀以窮年。」〈進學解〉當經年累月，夜以繼日，專心致志學習，方得以算爲勤奮。是故學當專精乃退之治學與教人之思想精義所在，有此深切體會，退之作〈學諸進士作涇渭閒時塡海〉詩曰：

> 鳥有償冤者，終年抱寸誠。口銜山石細，心望海波平。渺
> 渺功難見，區區命已輕。人皆譏造次，我獨賞專精。豈計
> 休無日，唯應盡此生。何慚刺客傳，不著報仇名。

於簡短六十字中，將口銜細石，飛越浩渺無邊大海，抛下細石，心望海平之精衛，謳歌其「獨賞」與「專精」，寫來生動明快。誠如〈嗟哉董生行〉對賢孝之董邵南曰：

㉓　《舊唐書‧韓愈傳‧進學解》。

> 嗟哉董生朝出耕，夜歸讀古人書，盡日不得息，或山而作
> 樵，或水而漁，入廚具甘旨，上堂問起居。……嗟哉董生
> 無與儔。

對勤於耕讀之董生，給予極高評價。又〈貞曜先生墓誌銘〉以二
十四字述及孟郊詩創作歷程：

> 劌目鉥心，刃迎縷解，鉤章棘句，搯擢胃腎，神施鬼設，
> 間見層出。唯其大翫於詞，而與世抹摋。人皆劫劫，我獨
> 有餘。

以為東野作詩能「劌目鉥心」，刺人眼目，下語驚人；「刃迎縷
解」，條理清晰，構思、造句遣詞苦心孤詣；「神施鬼設，間見
層出。」可知其功底造詣高深，不留斧鑿痕，設計迭見不窮。韓
愈向鄭餘慶推薦孟郊，作〈薦士〉詩亦肯定東野詩學成就。又
〈答劉正夫書〉謂：

> 若皆與世沈浮，不自樹立，雖不為當時所怪，亦必無後世
> 之傳也。……能者非他，能自樹立，不因循者是也。

退之同時舉司馬相如、太史公、劉向、揚雄因工夫深，名聲亦流
傳久遠，反覆論述與世俗隨波逐流，則因循而無獨創，告誡為文
必須「深探而力取」之勤學深思工夫，〈與馮宿論文書〉自道為
文經驗：

> 每自則意中以為好，則人必以為惡矣。小稱意人亦小怪之，
> 大稱意即人必大怪之也。時時應事作俗下文字，下筆令人
> 慚，及示人，則人以為好矣。小慚者亦蒙謂之小好，大慚
> 者即必以為大好矣。不知古文直何用於今世也，然以竢知
> 者知耳。

又「時人始而驚，中而笑且排。先生益堅，終而翕然隨以定。嗚

呼！先生於文摧陷廓清之功，比於武事，可謂雄偉不常者矣。」
㉔唯經由勤學博覽與深思揀擇，方能獨闢蹊徑，風格另創而與衆
不同，流傳後世。

退之提出「業精於勤」、「提要鉤玄」、「含英咀華」、
「鎔統要中」、「師意不師辭」、「深探而力取」，以及「閎中
肆外」等學習方法，符合孟子「取之左右而逢其源」、「由博返
約」勤精進之學習原則，正足以爲吾人進學之參考。㉕

二、細大不捐，提要鉤玄

退之有言：「讀書患不多。」〈贈別元十八協律六首·第四〉〈進
學解〉中，藉學生之口謂己「貪多務得，細大不捐。」對於讀
書，不僅侷限於儒家經傳，且對諸子百家與史書，均應廣泛涉獵
以積累知識。

無論思想或行動，韓愈宗奉孔孟之道，以爲解決當世現實困
境，其富批判精神，且又不拘章句教條，故對於道、墨、法以至
佛各家均有所取。在〈讀墨子〉一文中，提出孔、墨相用說，聲
稱「孔子必用墨子，墨子必用孔子，不相用不足爲孔、墨。」其
與口不離孔、孟之道，強調儒家正統之主張，似頗爲扞格，實則
儒、墨、道、法四大學派，除法家主張「以法爲教」，以法治代
替道德、教育之外，其餘三大學派均重視道德教育。雖三家對道
德之內容與標準，或道德教育之進程與原則，理解未盡相同，然
重視道德教育則基本一致。㉖且文中提出：儒、墨學說「同是堯、

㉔　李漢〈昌黎先生集序〉。
㉕　王炳照、郭家齊《簡明中國教育史·第五章、隋唐五代的教育》，北京師
　　範大學出版社（1985 年 5 月）。頁 161。

舜，同非桀、紂，同修身、正心以治天下國家，奚不相悅如是哉？」又自答：「余以爲辯生於末學，各務售其師之說，非二師之道本然也。」其嘗謂：孔子曾師老子〈師說〉，孔、墨相爲用〈讀墨子〉，批評「羞言管、商」〈進士策問〉，對於佛教禪宗之心性學說，亦有所借鑒，從而「卒開後來趙宋新儒學新古文之文化運動」，成爲「唐代文化學術史上承先啓後、轉舊爲新關捩點之人物。」㉖退之吸收並消融百家雜說，以豐富、改造儒學傳統。若謂韓愈儒學處於時代思想前端，帶領思潮發展，誠屬公允之論。㉘

　　唯「貪多務得，細大不捐」之同時，尚須善於提綱挈領以領會奧妙；能由博返約，方得以取精用弘。〈送陳秀才彤序〉曰：

> 讀書以爲學，纘言以爲文，非以誇多而鬥靡也。蓋學所以爲道，文所以爲理耳。苟行事得其宜，出言適其要，雖不吾面，吾將信其富於文學也。

〈答劉正夫書〉曰：

> 或問：「爲文宜何師？」必謹對曰：「宜師古聖賢人。」曰：「古聖賢人所爲書具存，辭皆不同，宜何師？」必謹對曰：「師其意，不師其辭。」又問：「文宜易宜難？」必謹對曰：「無難易，惟其是爾！」……夫百物朝夕所見者，人皆不注視也，及睹其異者，則共觀而言之。

其論爲文要點凡三：一爲「師古聖賢人」，此與〈答李翊書〉：

㉖　毛禮銳主編《中國教育史簡編·第四章·古代的教育思想》，北京：教育科學出版社（1984年）。頁263。

㉗　陳寅恪〈論韓愈〉。

㉘　孫昌武《韓愈選集·前言》。頁8-9。

「非三代兩漢之書不敢觀，非聖人之志不敢存。」有異曲同工之妙；「師其意，不師其辭」，即〈南陽樊紹述墓誌銘〉所云：「惟古於詞必己出」、〈答李翊書〉：「惟陳言之務去」之一貫態度。二為「文無難易，惟其是爾。」蓋文章不以辭句深難平易分優劣，而以合理得宜為依歸，亦即〈南陽樊紹述墓誌銘〉之「文從字順各識職」。三為「能自樹立，不因循。」退之於此特拈出一「異」字，「異」乃經由琢磨加工後之精品。對於重要內容宜精讀，並反覆咀嚼，仔細品味，不與世沈浮，不流於俗套陳辭，如是堅持，終有水到渠成之日，乃指日可期。

三、機應於心，專一自信

學當專精為韓愈治學與教人之中心思想。《荀子·解蔽》曰：

> 治之要在於知道。人何以知道？曰：心。心何以知？曰：虛壹而靜。心未嘗不臧也，然而有所謂虛。心未嘗不兩也，然而有所謂一。心未嘗不動也，然而有所謂靜。人生而有知，知而有志，志也者，臧也；然而有所謂虛；不以所已藏害所將受，謂之虛。心生而有知，知而有異，異也者，同時兼知之；同時兼知之，兩也；然而有所謂一；不以夫一害此一，謂之壹。心臥則夢，偷則自行，使之則謀；故心未嘗不動也，然而有所謂靜；不以夢劇亂知謂之靜。未得道而求道者，謂之虛壹而靜。

虛壹而靜，可謂「大清明」。退之〈送高閑上人序〉則曰：

> 苟可以寓其巧智，使機應於心，不挫於氣。

高閑為一僧人，精於草書，張祜〈高閑上人〉詩謂其書藝「卷軸

朝廷餞，書函內庫收。」㉙退之遂以如何使草書藝術臻至最高成就，在於學習不能分心旁騖，且須「神完而守固；雖外物至，不膠於心。」〈送高閑上人序〉使精神充實，用心專一，故不受外物干擾，對成就術業堅定不移。夫人有喜怒窘窮，憂愁愉佚，怨恨思慕，酣醉無聊不平……各種心情，對自然界與人類社會中，形形色色可喜可惡之情狀，必有所取捨。定取捨之標準在於堅持理想與原則，退之以「堯、舜、禹、湯治天下，養叔治射，庖丁治牛，師曠治音聲，扁鵲治病，僚之於丸，秋之於奕，伯倫之於酒。」援引精於一藝之古人為例，強調欲精通一門技藝，必專心致志，不受外界事物干擾誘惑，且具敏銳之觀察力、炙烈感情與企圖心，故列舉實例說明凡有較大成就者，對於自己所從事之業，「樂之終身不厭」，無暇「外慕」。且其意志堅強，專心致志，方能「造其堂」、「嚌其胾」，故能事業有成，此理用於學習，言人欲在某一術業上寄託其巧智，必使「機應於心，不挫於氣」，不受外務干擾。反之，追蹤外在形跡，則難得其內在精神。又〈送孟東野序〉將筆鋒深入思想界、文學界，列舉上古以來各代之思想家、文學家，或以道鳴，或以術鳴，或以詩、以文鳴，均為當時之「善鳴者」，並歷數唐朝文人之善鳴者，指出孟郊、李翺、張籍三人，命運之幸與不幸，均為「天所假以鳴」，不必以世俗之得失而自悲。錢基博《韓愈志》評曰：「〈送孟東野序〉調適暢逐，其氣舒；〈送高閑上人序〉峭橫生拗，其筆遒。」然二文同為橫空而來，迴瀾不竭，鑿險縋幽之思，駕以排雲御風之勢，曉喻吾人專一為學之重要。〈答陳生書〉復謂：

㉙　高步瀛《唐宋文舉要》，高雄：復文出版社（1990 年）。頁 221。

己果能之，人曰不能，勿信也；己果不能，人曰能之，勿
信也。孰信哉？信乎己而已矣！

相信自己，肯定自我，則無論治學或爲文，均能努力於旣定之方
向與原則，退之爲學求道亦躬自實踐，並以此勉勵友朋學生。

四、手口並用，學貴獨創

〈進學解〉曰：「口不絕吟於六藝之文，手不停披於百家之
編，紀事者必提其要，纂言者必鉤其玄。」學習經典時，注意口
誦與手披同時並進，「提其要」、「鉤其玄」，得以提綱挈領，
摘記精粹。然勤於動手摘錄、筆記、眉批於師古聖賢人之同時，
且當「師其意，不師其辭。」〈答劉正夫書〉以古人爲師，唯不必
拘泥於章句，而宜學習其思想、方法，俾得活學活用。

退之贊成汲取前人優秀成果，然反對沿襲剽竊，主張學習與
獨創結合。其反對「踵常途之促促，窺陳編以盜竊」〈進學解〉，
主張爲文絕「不自於循常之徒」〈答劉正夫書〉；循故習常，則不
知改進。學習各種典籍文辭之不同風格，運用於創作，方可臻閎
中而肆外。其謂：「能者非他，能自樹立，不因循者是也。」〈答
劉正夫書〉「惟古於詞必己出，降而不能乃剽賊。後皆指前公相
襲，從漢迄今用一律。」〈南陽樊紹述墓誌銘〉李肇《唐國史補》論
樊文「苦澀」；歐陽脩則謂「孰云己出不剽襲，斷句欲學〈盤
庚〉書。」⑳或謂退之所以未能據實撰誌，而有此溢美之詞，實
爲借題發揮而已。其用意則在宣揚古文理論；「詞必己出」乃韓
愈對古文所定之律條。清沈德潛曰：

────────────

⑳　《居士集・卷二》。

韓公於文，無傾倒至斯者。又所載卷帙如許之多，而今所傳樊紹述文，惟〈絳守居園池記〉一篇，又極僻澀，王晟、劉忱各為句讀，未必有當，與所云『文從字順』者不合。豈今所傳者，祇傳其僻澀，而文從字順者俱亡失邪？不然，以韓公之修辭立誠，不應反言之以誤來學也。誌銘字必生新，字必獨造，可云陳言務去。《唐宋八大家文讀本》

退之於文學，一生堅持「唯陳言之務去」，且革新必本於繼承；自古人語言熔鑄新語詞。造語生新，自成一家，在韓文中屢見不鮮。如「目擩耳染」〈清河郡公房公墓碣銘〉，出於《儀禮·特牲饋食禮》注：「擩醢者染於醢」，今沿用為「耳濡目染」。又〈送李愿歸盤谷序〉：「粉白黛綠者列屋而閒居」，出於《戰國策》：「彼鄭、周之女，粉白墨黑，立於衢閭。」及《淮南子》：「雖粉白黛黑，弗能為美者。」其他若〈柳子厚墓誌銘〉：「嶄然見頭角」出於《禮記·學記》注：「為發頭角」。〈送窮文〉：「其賢於世之患不得之而患失之者，以濟其生之欲，貪邪而忘道以喪其身者，其亦遠矣。」出自《論語·陽貨》：「鄙夫可與事君也與哉！其未得之也，患得之；既得之，患失之，苟患失之，無所不至矣。」又〈送窮文〉之「蠅營狗苟」出於《詩經·小雅》「營營青蠅」，〈原道〉「不塞不流，不止不行。」乃《論語·述而》「不憤不啟，不悱不發。」化成。

至於今人所謂「坐井觀天」、「入主出奴」出自〈原道〉；「提要鉤玄」出自〈進學解〉；「弱肉強食」源自〈送浮屠文暢師序〉：「弱之肉，彊之食。」又〈與李翱書〉之「痛定思痛」；〈與孟尚書書〉之「一髮千鈞」均為其活用所學，復創造

新穎辭彙，退之能「睹其異者」，即「用功深」以致之。㉛

〈送孟東野序〉云：「大凡物不得其平則鳴。」「人之於言也亦然，有不得已者而后言，其謌也有思，其哭也有懷。凡出乎口而爲聲者，其皆有弗平者乎？」所謂不平，來自「不得已」，不同於人云亦云，又謂：「人聲之精者爲言，文辭之於言，又其精也。」所云之精者，亦從「用功深」得來，終能結合學習與獨立思考。㉜非高談而不根，或勦說而無當者可比擬。

第五節　人才觀

中興以人才爲本，教育之鵠的在於培育人才，長善而救其失，韓愈深知人才與政治隆替、國家興衰關係密切，故畢其一生，好賢樂善，其探究此一問題，情深意切，並作諸多詩文擴發論點。雖未嘗爲「人才」二字予以註釋或明確義界，然經由其讚賞推重之人才，所具備之學養，吾人仍可歸知梗概。

一、當世典範

㈠柳宗元

〈柳子厚墓誌銘〉稱柳宗元：「少精敏，無不通達，……儁傑廉悍，議論證據今古，出入經史百子，踔厲風發，率常屈其座人。」又〈柳州羅池廟碑〉述及子厚政績，對其柳州刺史任內「能澤其民」之治才，予以欽敬。

㉛　錢伯城《韓愈文集導讀》。頁 35-37。
㉜　周振甫《中國修辭學史》，洪葉文化事業有限公司（1995 年 10 月）。頁141-2。

㈡侯喜

〈與汝州盧郎中論薦侯喜狀〉稱侯喜:「爲文甚古,立志甚堅。行止取捨,有士君子之操,……觀其所爲文,未嘗不掩卷長嘆。」退之向輔佐中書舍人權德輿主持進士考試之陸傪薦舉十人,其中侯喜於貞元十九年登進士第。

㈢張正甫

〈舉張正甫自代狀〉稱張正甫:「稟正直之性,懷剛毅之姿。嫉惡如仇讎,見善若饑渴。備更內外,灼有名聲。年齒雖高,氣力逾勵。甘貧苦節,不愧神明。可謂古之老成,朝之碩德。」

㈣韓泰

〈舉韓泰自代狀〉稱韓泰:「詞學優長,才器端實,早登科第,亦更臺省。往因過犯貶黜,至今十五餘年。自領漳州,悉心爲治。官吏懲懼,不敢爲非;百姓安寧,並得其所。臣在潮州之日,與其州界相接,臣之政事,遠所不如。乞以代臣,庶爲允當。」舉韓泰爲潮州刺史。

㈤殷侑

〈多薦官殷侑狀〉稱殷侑「兼通三傳,傍習諸經,注疏之外,自有所得,久從使幕,亮直著名,朴厚端方,少見倫比。」舉薦殷侑爲御史、太常博士。後侑以副使出使回鶻,不辱使命,圓滿而歸。

㈥樊宗師

〈薦樊宗師狀〉稱樊宗師「孝友忠信,稱於宗族朋友,可以厚風俗;勤於藝學,多所通解,議論平正有經據,可以備顧問;謹潔和敏,持身甚苦,遇物仁恕,有材有識,可任以事。」樊紹

述為退之文友，愈對其人品才識，倍加稱美，竭力為之荐引。

(七)錢徵

〈舉錢徵自代狀〉稱錢徵「器質端方，性懷恬淡，外和內敏，潔靜精微。」

(八)張惟素

〈舉張惟素自代狀〉稱張惟素「文學治行，衆所推與，累歷中外，資序已深，和而不同，靜而有守，敦厚退讓，可以訓人。」

(九)張籍

〈舉薦張籍狀〉稱張籍：「學有師法，文多古風。沈默靜退，介然自守。聲華行實，光映儒林。」貞元十五年，舉籍為國子博士，登進士第，官至國子司業。

(十)韋顗

〈舉韋顗自代狀〉稱韋顗「學識該達，器量弘深，朝推直道，代仰清節。」

綜觀上列十人，退之舉薦之因，可歸納有三：(1)博學能文，(2)德行優異，(3)政治才能。韓愈對於貧困善良、真才實學之士，寄予厚愛；對憑藉權勢、猖狂危害社會者，予以貶抑。是故其與孟郊過從甚密，又對盧仝隱居於洛陽水竹莊關注非常。水竹莊僅數間破屋，生活清苦，時常斷炊，有賴「鄰僧」乞米相送，退之亦常以「俸錢」助之，並對盧全「《春秋》三傳束高閣，獨抱遺經究終始。」〈寄盧仝〉捨傳求經之治經方法，予以讚賞。以退之身為邑宰，如此關心寒士，自是難得。

二、因材器使

退之教育思想稟承儒家所重視之因材施教，既如前述。「蓋
樑欐可以衝城，而不可以窒穴……；鴟鵂夜撮蚤，察毫末，晝出
瞋目而不見丘山。」《莊子‧秋水》〈進學解〉曰：

> 登明選公，雜進巧拙，紆餘為妍，卓犖為傑，校短量長，
> 惟器是適者，宰相之方也。

工匠造屋，醫生治病，需用不同質材；人才或靈巧，或拙訥，亦
各有用處。宰相如能因材器使，則不致野有遺賢。〈舉馬摠自代
狀〉謂：「近者京尹用人稍輕，所以市井之間，盜賊未斷，郊野
之外，疲瘵尚多。」即因人各有用，不可棄置，若太學生何蕃即
為一例，予以推荐，卻不遇於時，即令作為晉身階之進士，亦不
能中，退之喟然嘆曰：

> 惜乎！蕃之居下，其可以施於人者不流也。譬之水，其為
> 澤，不為川乎！川者高，澤者卑，高者流，卑者止，是故
> 蕃之仁義，充諸心，行諸太學，積者多，施者不遐也。〈太
> 學生何蕃傳〉

「凡貧賤之士必有待，然後能有所立。」〈太學生何蕃傳〉安排人才
以適當職位，使之一展長才。何蕃既是「學成行尊」，宜得一職
位，施展雄才，建功立業。惜以高才，至終為一太學生，故其才
學德行影響蓋寡，人君宰相苟能因材器使，蕃亦不似「天將雨，
水氣上，無擇於川澤澗谿之高下。」而能貢獻所學，建功立業。
是故禮賢下士、薦拔人才若周公者，退之由衷敬佩。〈後廿九日
復上書〉云：

> 愈聞周公之為輔相，其急於見賢也，方一食三吐其哺；方
> 一沐三捉其髮。當是時，天下之賢才皆已舉用……然而周
> 公求之如此其急，惟恐耳目有所不聞見，思慮有所未及，

以負成王託周公之意，不得於天下之心……維其如是，故
于今頌成王之德，而稱周公之功不衰。

周公一飯三吐哺，求賢若渴。又〈與鳳翔邢尚書書〉曰：

閣下之財不可以徧施於天下，在擇其人之賢愚而厚薄等級
之可也。假如賢者至，閣下乃一見之；愚者至，不得見焉：
則賢者莫不至而愚者日遠矣。假如愚者至，閣下以千金與
之；賢者至，亦以千金與之：則愚者莫不至而賢者日遠矣。
欲求得士之道，盡於此而已；欲求士之賢愚，在於精鑒博
采之而已。精鑒於己，固已得其十七八矣；又博采於人，
百無一二遺者焉。

退之致邢君牙書，告以選拔賢才，在於精鑒博采，唯以誠摯、熱
心、細心愛護。〈與祠部陸員外書〉係舉薦侯喜、侯雲長、劉述
古、韋群玉、沈杞、張苰、尉遲汾、李紳、張後餘、李翊等十人
於陸傪。十人不出數年，先後登進士第。退之承繼中國歷史「選
賢與能」之思想，故對統治者埋沒、摧殘或踐踏人才予以諷刺
之。〈送溫處士赴河陽軍序〉云：

夫南面而聽天下，其所託重而恃力者，惟相與將耳！相為
天子得人於朝廷，將為天子得文武士於幕下，求內外無治，
不可得也。

領導治術之首要在「將」、「相」共同拔擢人才，以承擔內外相
關之職務，推行政令。試觀退之一生參與政治、社會與文學活
動，不僅如千里馬，乃不世出之才，且能慧眼識才，薦舉賢能、
培育英才、因材器使，為國掄才若伯樂。試以賈島為例，退之助
其擺脫生活困境，耐心指導其寫作詩文，參加進士試。〈送無本
師歸范陽〉詩曰：

　　無本於為文，身大不及膽。吾嘗示之難，勇往無不敢。……

　　狂詞肆滂葩，低昂見舒慘，奸窮怪變得，往往造平淡。

極力讚揚賈島，又謂：

　　欲以金帛酬，舉室常顧頜。念當委我去，雪霜刻以憯。獰

　　飆攪空衢，天地與頓撼。勉率吐歌詩，尉女別後覽。

因識才、愛才、育才，故與賈島離別時之真摯感情，知其詩作獲佳績後喜悅之情。賈島能成為中唐時著名詩人，固與自身努力有關，而退之獎掖與指導亦為不可或缺之重要因素耳。

第六節　結　語

　　韓愈生於安史亂後之中唐時期，彼時大亂雖過，[33]封建割據勢力猶未盡翦除，其主張加強中央集權，反對藩鎮割據〈送董邵南序〉；主張復興儒學，反對佛老學說，提出以儒家「道統」對抗佛教「法統」，強調儒學之歷史地位與發揚儒學傳統之重要性，提議以儒學所維護之倫理綱常，作為修身、治國、論事之最高原則；主張罷黜佛老之學，尊崇孔孟之道。由所作〈與孟尚書書〉、〈原道〉、〈原性〉、〈論佛骨表〉等文，可見其思想及對社會政治之觀點。從董仲舒以降之儒家學說，過渡至宋明理學，韓愈具承前啓後之意義。[34]

---

[33]　按：天寶十四載（七五五）爆發安史之亂，導致唐朝中央政權削弱，社會動盪。至代宗寶應二年（七六三）結束。時爲愈出生之前五年。戰亂結束，進入地方藩鎮割據，一直延續至唐朝滅亡。

[34]　王炳照、郭齊家《簡明中國教育史·第五章、隋唐五代的教育·第五節、韓愈和柳宗元的教育思想》。頁155。

又韓愈對孔子「因材施教」教學經驗之繼承，影響後世教育工作者。明王守仁曰：「夫良醫之治病，隨其病之虛實強弱，寒熱內外，而斟酌加減，調理補泄之，要在去病而已。初無一定之方，不問症候如何，而必使人人服之也。君子養心之學，亦何以異於是？」《全書·卷五》且退之樂於為人師，勇於教人；不恥下問，虛心拜人為師，其教育思想上承孔孟、董仲舒㉟，下啓朱熹、王陽明，處於中國教育思想史之轉折與豐富時期；在重門閥、輕教育、恥為師之時，如柳宗元之文翁時哲亦謂韓愈抗顏為師，以至席不暇暖，退之仍藉提倡與實踐，於中唐社會為教育開出新局。㊱

今日流行之e-commerce，強調知識、科技與企業精神，以取代自然資源、資本與勞力，以為知識經濟乃創造財富最主要之工具。㊲又常見知識經濟（knowledge-based economy）時代有所謂「知識獨領風騷」之說，愈於一千二百年前即已提出，且踐履篤行。蓋以〈師說〉打破漢代重師承、家法之舊習染；開明且富創見，有助於人才培育與文化教育事業之繼承發展。其從師衛道之觀點為中國古代教育思想之寶貴遺產，於今日建立和諧師生關係，仍有鑒借意義。㊳若能完成傳道、授業、解惑三項任務，即可為人師表。且「聖人無常師」、「三人行，必有我師焉」，與

㉟　《漢書·卷五六·董仲舒傳》。
㊱　張清華《韓學研究·第四章·韓愈的教育思想》，江蘇教育出版社（1998年8月）。頁195-216。
㊲　李誠〈什麼是知識經濟：了解知識經濟，才能發展知識經濟〉民90. 5. 31（星期四）聯合報、第15版。
㊳　王炳照、郭齊家《簡明中國教育史》，北京師範大學（1985年5月）。頁158。

今日終生學習（lifelong learning）之教育理念：「學生亦可爲老師」、「人人皆可爲吾師」，亦不謀而合。

韓愈重視地方教育，除〈潮州請置鄉校牒〉可見其教育觀，又唐德宗貞元十五年（七九九），其時朝廷忌疾太學生建議，有二百七十名太學生詣闕乞留國子司業陽城出任事，然經數日，吏加以阻止，疏不得上。退之作〈子產不毀鄉校頌〉，蓋以《左傳・襄公三十一年》記子產不關閉學校之事迹，不僅讚頌子產政績，而欲借子產以警告當時統治者；以鄭國大夫子產執掌國政廣開言路，鄭國得治，對照周厲王「謗者使監」，王朝滅亡；苟若鄭子產不毀鄉校，方不至「下塞上聾，邦其傾矣。」退之貶潮州八月，對中原文化之傳播、東南尤以對潮汕地區文化發展所起之影響，爲後世各代學者所景仰。

唐朝雖爲中國歷史之一盛世，然學術思想上繼傳統，下開風氣，實惟韓愈一人。收召後學，貶陽山令前後，猶收召區冊、區弘等爲生徒。此後從退之學詩、學文、學道者日衆，形成「韓門弟子」盈門之局面。其雖未實際從事學校教育事業，然究其畢生提倡儒家教育思想，以唐代教育家稱之，已可無愧。㊴其高瞻遠矚之教育思想，於一千二百年前即已鑒察。

㊴　胡美琦《中國教育史・第五篇、門第與寺院教育下期-隋唐五代・第四章、唐代教育家-韓愈》，三民書局（民 67 年 7 月）。頁 295-7。

第三章　柳宗元教育觀析論

前　言

　　唐代古文運動，韓柳齊名。此一古文運動，有韓文公，則不能沒有柳子厚。柳宗元（七七三一八一九），字子厚，一生思想，以「興堯、舜、孔子之道，利安元元爲務。」然於儒家思想之外，「楊、墨、申、商、刑名、縱橫之說」與老子，均爲「孔氏之異流」，「皆有以佐世」。子厚以爲：爲學若能恢博而貫統，「悉取向之所以異者，通而同之，搜擇融液，與道大適，咸伸其所長。」①此一學術背景，影響其教育思想甚鉅。今依子厚原典，分教育宗旨、教育目標、治學方法、師生關係，及其對後世影響，縷縷如下，予以述評之。

第一節　教育宗旨：文以明道

　　唐代自孫樵以降，無一散文作家足當韓門嫡派之稱，即令韓愈「親炙」弟子皇甫湜《文集》，亦不易得一二篇可與子厚頡頏

---

① 〈卷二十五·送元十八山人南遊序〉。本文凡引《柳河東全集》者，不著書名。

之作品；韓門弟子，無一人能及子厚。②子厚所作各文體，包括贈序、序跋、辯諸子、書啓、碑誌、銘誄，均能自出機杼，雄視一代。即以碑誌爲例，王世貞云：「（子厚）金石之文亦峭麗，與韓愈相爭長。」〈書柳文後〉劉熙載《藝概》云：

> 學者未能深讀韓、柳之文，輒有意尊韓抑柳，最爲陋習。
> 晏元獻云：「韓退之扶導聖教，剗除異端，是其所長。若其祖述墳典，憲章《騷》《雅》，上傳三古，下籠百氏，橫行闊視於綴述之場，子厚一人而已。」此論甚爲偉特。

於散文創作之成就，衆咸以爲唐代古文運動，除韓愈外，子厚應是另一主導與教化者。其教育宗旨可歸納言之者有二：

一、「文」「道」合一，允執厥中

隋王通《中說・天地篇》謂：「學者博誦云乎哉！必也貫乎道；文者苟作云乎哉！必也濟乎義。」迨乎初唐古文運動先驅，如梁肅強調「文本乎道」〈補闕李君前集序〉，柳冕指出：「夫君子之儒，必有其道；有其道，必有其文。」〈答荊南裴尚書論文書〉各家所謂之道，主導思想均屬儒家，至退之益加明確提出「修其辭以明其道」。凡此諸說，皆與子厚「文以明道」之主張近似。

退之倡「學所以爲道」〈原道〉與〈送陳秀才彤序〉，提出「文以貫道」之思想，對魏晉以降，追求華麗詞藻，盛行對偶駢體、空洞無物、無病呻吟，陷於形式主義之文風牴排之，對教育發展有重大影響。子厚亦針對形式主義之駢儷文風流弊，倡「文者以

---

② 黃雲眉《韓愈柳宗元文學評價》，濟南：山東人民出版社（1957 年）。頁123。

明道」〈答韋中立論師道書〉，強調文章宜「輔時及物」〈答吳武陵論非國語書〉。並謂「文之用，辭令褒貶，導揚諷諭而已。」〈楊評事文集後序〉期以文學頌揚美好事物，並批判諷刺醜惡。

　　唯子厚所欲明之「道」，融合儒、佛，其將儒家之道，視為「大中」、「大中之道」，重視「中」、「當」；一切事物對外應順乎時代變化，對內宜符合發展規律、恰當合宜為貴。〈時令論‧下〉曰：

> 聖人之為教，立中道以示于後：曰仁，曰義，曰禮，曰智，曰信，謂之五常，言可以常行者也。防昏亂之術，為之勤勤然書於方冊，興亡治亂之致，永守是而不去也。〈卷三〉

〈四維論〉亦謂：

> 聖人之所以立天下，曰仁義。仁主恩，義主斷。恩者親之，斷者宜之，而理道畢矣。蹈之斯為道，得之斯為德，履之斯為禮，誠之斯為信，皆由其所之而異名。〈卷三〉

聖人之所以為聖，在於建立「中道」。「中道」之內涵，即為仁、義、禮、智、信。學者必「由中庸以入堯、舜之道」。〈卷四十四〉嘗以〈說車贈楊誨之〉闡明中道：

> 楊誨之將行，柳子起而送之門，有車過焉，指焉而告之曰：「若知是之所以任重而行於世乎？材良而器攻，圓其外而方其中然也。材而不良，則速壞。工之為功也，不攻則速敗。中不方則不能以載，外不圓則窒拒而滯。方之所謂者箱也，圓之所謂者輪也。匪箱不居，匪輪不塗。吾子其務法焉者乎？」……今楊氏，仁義之林也，其產材良。誨之學古道，為古辭，沖然而有光，其為工也攻。果能恢其量若箱，周而通之若輪，守大中以動乎外而不變乎內若軸，

攝之以剛健若蚤，引焉而宜御乎物若轅，高以遠乎污若蓋，

下以成乎禮若軾，險而安，易而利，動而法，則庶乎車之

全也……。〈卷十六〉

車之能任重行世，係因材質好，製作堅實，外具圓形車輪可行走，內有方正車廂以載物。良好資質之餘，尚須「學古道、爲古辭」，苟能涵養恢弘器量，如車廂；圓通幹才，若車輪；堅守大中而與時推移，若車軸；剛健任事，如車蚤；善御外物，如車轅；清高自守，如車蓋；謙恭有禮，如車軾，即能隨遇而安，化險爲夷，以臻「蓄素以弸中，散采以彪外，梗楠其質，豫章其幹。摛文必在緯軍國，負重必在任棟樑，窮則獨善以垂文，達則奉時以騁績。」《文心雕龍・程器第四十九》

子厚立中道以示諸人之論點，實爲承繼儒家思想。孔子曰：「中庸之爲德也，其至矣乎，民鮮能久矣！」〈雍也〉③又云：「不得中行而與之，必也狂、狷乎！」〈子路〉可知孔子以中庸爲至德，蓋非常人能及之德行。《論語》又記堯禪讓舜時，勉之曰：「允執其中」〈堯曰〉；孟子亦稱美湯「執中」〈離婁下〉。荀子曰：「道之所善，中則可從，畸則不可爲。」〈天論〉又謂：「先王之道，仁之隆也，比中而行之。曷謂中？曰：禮義是也。」〈儒效〉孔、孟、荀均極重視中道，子厚繼承儒家思想。又《周易・大有卦・九二・象》曰：「大車以載，積中不敗。」〈大有卦〉離下乾上，〈彖辭〉曰：「柔得尊位，大中而上下應之曰大有。其德剛健而文明，應乎天而時行，是以元亨。」子厚取儒家經典，以車爲喻，說明中道。〈與楊誨之第二書〉且謂：

---

③　本文凡引書自《論語》、《孟子》者，書名一律省略。

「攝之以剛健若蚤。」又云：「乾健而運，離麗而行，夫豈不以圓克乎？」可知其「方中圓外」大中之道，亦與《易傳》啓發。

　　然若古之「道」與今之「當」扞格時，君子必須剛柔兼具，應變若化，子厚願爲時勢所趨，對傳統之「道」，賦予新義，以切合「當」，始可謂之「時中」。〈與楊誨之第二書〉曰：

> 今將申告子以古聖人之道：《書》之言堯，曰「允恭克讓」；言舜，曰「溫恭允塞」；禹聞善言則拜；湯乃改過不恡；高宗曰：「啟乃心，沃朕心」；惟此文王，小心翼翼，日昃不暇食，坐以待旦；武王引天下誅紂而代之位，其意宜肆，而曰：「予小子，不敢荒寧」；周公踐天子之位，捉髮吐哺；孔子曰：「言忠信，行篤敬」；其弟子言曰：「夫子溫良恭儉讓以得之。」……吾之所云者，其道自堯、舜、禹、湯、高宗、文王、武王、周公、孔子皆由之，而子不謂聖道，抑以吾爲與世同波，工爲翦翦拘拘者？……吾未嘗爲佞且僞，其旨在於恭寬退讓，以售聖人之道及乎人，如斯而已矣。堯、舜之讓，禹、湯、高宗之戒，文王之小心，武王之不敢荒寧，周公之吐握，孔子之六十九未嘗縱心，彼七八聖人者所爲若是，豈恆愧於心乎？〈卷三十三〉

與謹守儒家教條之「拘儒」大異者，子厚所謂「明道」或「輔時及物」，「施於事，及於物」〈送徐從事北遊序〉係主張「道」應有益時政，惠及萬物，發揮社會功能，其所論「聖人之道」，富現實性與革新精神；所欲闡明堯、舜、孔子之道，要求文章能觸及時事、輔助朝廷之論見，亦精闢卓絕，震聾發聵；其進步之史觀，新人耳目。

二、著述褒貶與比興諷諭兼得，積學以成聖

子厚對作家思想品德之修養、寫作之態度、繼承與創新、文學源流與風格、寫作藝巧等問題，亦有值得重視之論述。嘗分文章大別爲二；〈楊評事文集後序〉曰：

> 文有二道：辭令褒貶，本乎著述者也；導揚諷諭，本乎比興者也。〈卷二十一〉

著述者流，「其要在於高壯廣厚，辭正而理備，謂宜藏於簡册也。」比興者流，「其要在於麗則清越，言暢而意美，謂宜流於謠誦也。」由於二者旨義不同，是以秉筆之士，「恆偏勝獨得，而罕能兼者。」又謂：

> 唐興以來，稱是選而不作者，梓潼陳拾遺（子昂）。其後燕文貞（張說）以著述之餘，攻比興而莫能極；張曲江（九齡）以比興之隙，窮著述而不克備。〈卷二十一〉

其餘諸子，各探一隅，其去彌遠。是故，子厚感嘆：「文之難兼，斯亦甚矣。」言外之意，其以「稱是選而不作」之作家自命，自視二者兼善；既長於著述議論，復擅於比興諷諭，大有舍我其誰之慨。今觀其文學創作，內容豐富，形式多樣。蓋依據內容需要，創造文學形式，並以此寫作藝巧，闡釋其教育思想。永州司馬任內，與崔黯秀才論及寫作，曰：

> 然聖人之言，期以明道，學者務求諸道而遺其辭，辭之傳於世者，必由於書。道假辭而明，辭假書而傳。要之之道而已耳。〈卷三十四·報崔黯秀才論爲文書〉

寫作文章，須爲「明道」以宣揚某種思想或主張。文章之思想內容須藉辭藻形式以傳達，然辭章形式應以思想內容爲重，若「貴

辭而矜書，粉澤以為工，遒密以為能，不亦外乎？」是僅著重辭藻華麗，輕忽思想內容，實乃「用文錦覆陷阱」之本末倒置。然重內容者亦當知「言而不文則泥」，文采是「固不可少」〈答吳武陵論非國語書〉，故宜文學思想與藝術形式兼顧。子厚且以其年輕時所為文，僅重形式，「好辭工書」，自我評量。云：

> 始吾幼且少，為文章以辭為工。及長，乃知文者以明道，是固不苟為炳炳烺烺，務采色、夸聲音而以為能也。〈卷三十四・答韋中立論師道書〉

文章須具「明道」之社會功能，故不可僅重形式辭采，以充聲悅之繡；亦不可「白髮死章句」，將畢生精力僅用於注疏章句。〈答嚴厚輿論師道書〉曰：

> 馬融、鄭玄者，二子獨章句師耳。今世固不少章句師，僕幸非其人。……言道、講古、窮文辭以為師，則固吾屬事。〈卷三十四〉

文章以闡明道理為鵠的，非僅追求形式、文采、聲音，或注疏章句，乃子厚「文以明道」與文論之中心思想。此一思想尚可見諸其革新科舉之主張。

　　又子厚素以為「道固公物，非可私而有。」〈卷三十三・與楊誨之第二書〉〈陸文通先生墓表〉曰：「庸人、小童皆可積學以入聖人之道，傳聖人之教。」〈卷九〉〈送從弟謀歸江陵序〉亦謂：「聖人之道，學焉而必至。」〈卷二十四〉若〈天爵論〉鼓勵吾人「敏以求之」，且「為之不厭」〈卷三〉，使聰明領悟，佐以堅定意志；否定孟子「天爵說」，鼓勵吾人積學成聖，否定天賦道德之說，代以後天學習之重要性。是故吾人身處任何時代，若能積漸勤敏，為之不厭，終必成聖成賢。④

第二節　教育目標：使成君子

儒家學者心中之理想人物及其教育所欲培植之人才，素被稱為「君子」，唯君子之界說，因時因地容或有異，韓愈〈諱辯〉曰：

> 今考之於經，質之於律，稽之以國家之典，賀舉進士為可邪？為不可邪？凡事父母得如曾參，可以無譏矣；作人得如周公、孔子，亦可以止矣。今世之士，不務行曾參、周公、孔子之行，而諱親之名，則務勝於曾參、周公、孔子，亦見其惑也！夫周公、孔子、曾參，卒不可勝；勝周公、孔子、曾參，乃比於宦者、宮妾；則是宦者、宮妾之孝於其親，賢於周公、孔子、曾參者耶？

中國傳統社會，以曾參為純孝之典範，周公、孔子乃「儒家者流」；德配天地，道貫古今之實踐者，其言行自當為後世師法。退之對當時士大夫虛矯與墮落之道德行為予以譴責，是知其對君子之要求。至若子厚，使成君子之終極理想與實踐方法如下：

一、濟世安民之理想

子厚早歲參與王、韋集團，力圖改革時弊，為實踐堯、舜、孔子之道，以利民、安民為務。〈論語辯・下〉〈卷四〉對〈堯曰〉首章之詮釋為：孔子感嘆未及堯、舜禪讓，且不能繼踵商湯弔民伐罪，空有濟世之德與憂民之心，反映自身以濟世安民為己

---

④　方介《韓柳新論・柳宗元的聖人觀》，學生書局（1999）。頁 126。

任，「但欲一心直遂，果陷刑法。」從此被貶南荒，不得復起。〈上門下李夷簡相公陳情書〉曰：「日號而望者十四年矣！」〈卷三十四〉永貞元年至元和十三年，歷經十四載憂急如焚之貶謫生涯，目睹政治腐敗，人民困苦，然濟世無緣，遂爲文宣揚一己之政治理念，期能於時有補。

〈伊尹五就桀贊〉論伊尹爲使天下百姓盡速受惠，「五就湯，五就桀。」於五次往返奔波中，佐夏？抑或佐商？誠非伊尹思惟所繫；如何使天下蒼生早被其澤，方爲其念茲在茲者，故曰：「不夏、商其心，心乎生民而已。」孟子稱伊尹爲「聖之任者」，子厚讚美伊尹「以生人爲己任」，蓋以伊尹瞭解民生疾苦，且爲民興利除害，其「急民」、「欲速其功」之施政理念，縱使急功近利，亦不失爲仁政。反之，若拘泥於世俗之道德觀，號稱仁民愛物者，坐視百姓陷溺於水火，而無法速謀對策，予以拯救，則何仁政之有？子厚心繫百姓之安危、福祉，遂「欲速其功」、「急生人」，而不以夏、商爲念。當君主至上之中唐時期，子厚讚美伊尹，而冒不智、不中之大不韙，以今人觀點平議，其道德勇氣與宏觀務實之視野、胸襟與膽識，令人欽佩。

且中唐時期，經濟凋敝、吏治腐敗，內有藩鎮作亂，外有吐蕃侵逼，百姓苦於兵災、暴斂，子厚以施政之第一要務即：爲百姓興利除害。由「利民」，以致「民利」，使百姓安和樂利生活。至於官理貴在居敬行簡，而不擾民，堯之無爲、禹之無事，非僅見於〈種樹郭橐駝傳〉，〈晉問〉論及堯之遺風：

> 有溫恭、克讓之德，故其人至於今善讓，……吳子所言：「美矣善矣，其蔑有加矣。此固吾之所欲聞也。」夫儉則人用足而不淫；讓則遵分而進善，其道不闕；謀則通於遠

> 而周於事；和則仁之質；戒則義之實；恬以愉則安，而久
> 於其道也。至乎哉！〈卷十五〉

堯以溫恭克讓之德，節用而愛人，又謀於賢者，和於眾庶，無爲
垂拱而民自化。⑤子厚於推重之餘，以爲後世君王當師法堯，而
儒者爲學，亦應「跨騰商周，堯舜是師。」〈卷九·唐故衡州刺史東
平呂君誄〉「以生人爲主，以堯舜爲的。」〈卷九·陸文通先生墓表〉
「以興堯、舜、孔子之道，利安元元爲務。」〈卷三〇·寄許京兆孟
容書〉〈與楊誨之第二書〉曰：

> 伊尹以生人為己任，管仲豎浴以伯濟天下，孔子仁之。凡
> 君子為道，捨是宜無以為大者也。〈卷三十三〉

君子宜師伊尹、管仲、孔子，渠等皆具生人愛民之志趣，與實踐
濟世之理想。

二、周乎志藝以爲學

孔子「博學多能」，號稱「至聖」，其成就得力於治學方法
者極多。嘗曰：「多聞闕疑，多見闕殆。」〈爲政〉「知之爲知
之，不知爲不知。」〈爲政〉「學而時習之。」〈學而〉「溫故而知
新。」〈爲政〉「博而後約。」〈雍也〉爲其治學方法。至若其勤敏
過人之好學精神，吾人苟能以此「爲之不厭，誨人不倦。」「十
室之邑，必有忠信如丘者焉，未有如丘之好學者也。」〈公冶長〉
之精神，亦將成爲聖賢。

孟子以人皆有良知良能，仁義禮智四端，「非由外鑠我也，
我固有之也。」將此四端「擴而充之」，則「人皆可以爲堯

---

⑤　方介《韓柳新論·柳宗元的聖人觀》，學生書局（1999）。頁 142。

舜。」〈告子下·第二章〉迨荀子出，〈勸學〉開宗明義即謂：「君
子曰：學不可以已。」〈性惡〉亦曰：「塗之人可以為禹。」子
厚承襲孔孟荀之說，〈觀八駿圖說〉云：

> 古之書……傳伏羲曰牛首，女媧曰其形類蛇，孔子如俱頭。
> 若是者甚眾。孟子曰：「何以異於人哉？堯、舜與人同
> 耳。」……今夫人，有不足為負販者，有不足為吏者，有
> 不足為士大夫者。有足為者，視之，圓首、橫目，食穀而
> 飽肉，絺而清，裘而燠，一也。推是而至於聖，亦類也。
> 然則伏羲氏、女媧氏、孔子氏，是亦人而已矣。……慕聖
> 人者，不求之人，而必若牛、若蛇、若俱頭之問，故終不
> 能有得於聖人也。〈卷十六〉

「圓首、橫目」之形體，眾生同具；「食穀而飽肉，絺而清，裘
而燠，」亦為聖賢才智平庸愚劣同具之生理欲求，聖人與凡人同
類，無論為負販，為吏，為士大夫，「推是而至於聖，亦類
也。」子厚之於聖人，概之以人，而不信其為禽獸蟲魚之怪，唯
專心為學，思索熟慮以致之。〈送元秀才下第東歸序〉篇首即
謂：

> 周乎志者，窮躓不能變其操；周乎藝者，屈抑不能貶其名。
> 其或處心定氣，居斯二者，雖有窮屈之患，則君子不患矣。
> 元氏之子，其殆庶周乎？言恭而信，行端而靜，勇於講學，
> 急於進業；既遊京師，寓居側陋，無使令之童，闕交易之
> 財，可謂窮躓矣。而操逾厲，志之周也。才濬而清，詞簡
> 而備，工於言理，長於應卒；從計京師，受丙科之薦；獻
> 藝春卿，當三黜之辱，可謂屈抑矣，而名益茂，藝之周也。
> 苟非處心定氣，則曷能如此哉！〈卷二十三〉

元秀才有文行而不能薦於有司,「從計京師,受丙科之薦;獻藝
春卿,當三黜之辱。」職是之故,子厚告以:君子須「周乎
志」、「周乎藝」,洎乎志、藝二者全備,則「君子不患矣」。
君子苟能培養高尚志趣與博學六藝,則不至於處「窮屈」生活而
「變其操」、「貶其名」,此亦子厚生活寫照與經驗之談,其服
膺儒家學說:「窮則獨善其身,達則兼善天下。」〈送婁圖南秀
才遊淮南將入道序〉曰:

> 夫君子之出,以行道也;其處,以獨善其身也。〈卷二十五〉

是故子厚「君子」之界定,著重有「生人之意」之志趣與節操,
終極目標在於「濟世安民」以符合「公之大者」之政治需要。唯
生人之意須賴造就人才以實現之。

第三節　治學方法

一、博採眾長

　　子厚不似韓愈有一道統觀念。退之雖時有不平之鳴,以至
《舊唐書·本傳》曰:「亦有戾孔孟之旨。」然其高張復興儒學
旗幟,以闢佛老為己任,比做孟子之拒楊墨,因而以孟子繼承者
自居;子厚則以為浮屠「往往與《易》《論語》合」〈卷二五·送
僧浩初序〉,謂韓愈「所罪者,跡也」,「忿其外而遺其中,是知
石而不知韞玉也。」〈卷二五·送僧浩初序〉復以為「老子亦孔氏之
異流也,不得以相抗。」〈卷二五·送元十八山人南遊序〉是知子厚為
一主張融合佛老於儒學之人。唯當其指導寫作精神時,則以為應
本諸古聖賢經傳著作,並謂此乃「取道之原」〈答韋中立論師道

書〉。此一中心思想，影響子厚爲學方法。〈報袁君陳秀才避師名書〉曰：

> 大都文以行爲本，在先誠其中，其外者當先讀六經，次《論語》、孟軻書，皆經言；《左氏》、《國語》、莊周、屈原之辭，稍采取之；《穀梁子》、太史公甚峻潔，可以出入；餘書俟文成異日討也。其歸在不出孔子，此其古人賢士所懷懷者，求孔子之道，不於異書。〈卷三十四〉

又〈答韋中立論師道書〉云：

> 本之《書》以求其質，本之《詩》以求其恆，本之《禮》以求其宜，本之《春秋》以求其斷，本之《易》以求其動，此吾所以取道之原也。參之穀梁氏以厲其氣，參之《孟》《荀》以暢其支，參之《莊》《老》以肆其端，參之《國語》以博其趣，參之《離騷》以致其幽，參之《太史》以著其潔，此吾所以旁推交通而以爲之文也。〈卷三十四〉

以五經爲取道之原，然非唯一圭臬，〈與楊京兆憑書〉謂：「聖人之道，不益於世用。」〈卷三十〉蓋不盲目崇古，代之爲參以諸子百家，且自各家典範著作中取其所長，予以融會貫通，自成一家。[6]子厚之教育思想，於爲學方法係主張廣泛學習，博採衆長。

(一)綜覈名實、尊儒重法

〈永州鐵爐步志〉〈卷二十八〉反對世襲特權，以名不符實之鐵爐步爲喻，抨擊倚仗祖宗門第名望顯赫一時，且擅作威福者，可見其法家思想。又〈斷刑論〉〈卷三〉以法治思想揭露儒家「神道設教」，並批判儒家之虛矯，謂儒家侈談天命，實爲欺妄百

---

⑥ 顧易生《柳宗元》，中華書局（1965）。頁35。

姓。〈封建論〉〈卷三〉從理論與實際二方面，論證郡縣制較分封制優越，說明郡縣取代分封實爲歷史必然趨勢，爲千餘年之爭論作一歷史總結，對尊儒反法之保守勢力予以回擊。是故退之主張全然依據儒家經典施教，子厚則反對死守儒家經典。〈貞符〉云：

> 董仲舒對三代受命之符……推古瑞物以配受命，其言類淫巫瞽史，誑亂後代。〈卷一〉

又《國語》一書係「好詭以反倫，其道舛逆。」〈卷三十一·與呂道州溫論非國語書〉復以「古之言理者，罕能盡其說，……謂之是可也，謂之非亦可也，混然而已，教於後世，莫知其所以去就。」〈卷三·六逆論〉嘗謂：

> 近世之言理道者眾矣，……其言本儒術，則迂迴茫洋，而不知其適。……甚者好怪而妄言，推天引神，以為靈奇，恍惚若化，而終不可逐，故道不明於天下，而學者之至少也。〈卷三十一·與呂道州溫論非國語書〉

子厚對當時死讀儒家經典，食古不化、囫圇吞棗，不得學問要領者，嚴厲批評之。

(二)反摹擬剽竊、拒漁獵前作

韓愈作〈南陽樊紹述墓誌銘〉曰：「惟古於辭必己出，降而不能乃剽賊。後皆指前公相襲，從漢迄今用一律！」稱樊宗師改變長期因襲前人文風與恢復古代聖賢道統所作之功績，嘗薦其材。子厚於治學方法，亦反對摹擬剽竊，其〈與友人論為文書〉以為中唐時期「為文之士亦多漁獵前作，戕賊文史，抉其意，抽其華。」「榮古虐今者比肩疊跡」〈卷三十一〉是故子厚極力推重退之文；肯定其為文貴獨創之學習方法。

子厚寫作態度亦極謹嚴，對當時文人抄襲剽竊前人作品之風氣，〈與友人論爲文書〉曰：

> 爲文之士，亦多漁獵前作，戕賊文史，抉其意，抽其華，置齒牙間，遇事蠭起，金聲玉耀，誑聾瞀之人，徼一時之聲。雖終淪棄，而其奪朱亂雅，爲害已甚。〈卷三十一〉

或抄襲他人著作大意，或抽取他人文章精華，實則不學無術，且有道德瑕疵，應攘斥之。

二、陶煦力學

枚乘〈奏書諫吳王〉曰：「泰山之霤穿石，殫極之綆斷幹。水非石之鑽，索非木之鋸，漸靡使之然也。」《昭明文選・卷三十九》子厚亦云：吾人聰明才能，非源自上天，「蒼蒼者焉能與吾事」〈卷三・斷刑論下〉，實來自後天學習。〈天爵論〉曰：「使仲尼之志之明，可得而奪，則庸夫矣；授之於庸夫，則仲尼矣。」〈卷三〉吾人若努力向學，發揮才智，即可成仲尼。子厚以楊誨之與其自身爲例，〈與楊誨之書〉〈卷三十三〉文首即謂：「足下幼時，未有以異於衆童。」其後得以「氣益和，業益專」，在於「陶煦」與「教諭」，乃後天教育與學習志向有以致之。至若子厚力學爲文之態度與一己之經驗。〈答韋中立論師道書〉曰：

> 吾每爲文章，未嘗敢以輕心掉之，懼其剽而不留也；未嘗敢以怠心易之，懼其弛而不嚴也；未嘗敢以昏氣出之，懼其昧沒而雜也；未嘗敢以矜氣作之，懼其偃蹇而驕也。抑之欲其奧，揚之欲其明，疏之欲其通，廉之欲其節，激而發之欲其清，固而存之欲其重，此吾所以羽翼夫道也。〈卷三十四〉

其爲文態度端正謹嚴，無絲毫「輕心」、「怠心」、「昏氣」、「矜氣」，並嘗以此學習心得懃懇表明，與人切磋，〈報袁君陳秀才避師名書〉以爲：

> 秀才志於道，慎勿怪、勿雜、勿務速顯。道苟成，則懃然爾，久則蔚然爾，源而流者，歲旱不涸，蓄穀者不病凶年，蓄珠玉者不虞殍死矣。然則成而久者，其術可見，雖孔子在，爲秀才計，未必過此。〈卷三十四〉

是知子厚主張力學，其果效與《荀子·勸學》所云：「玉在山而草木潤，淵生珠而崖不枯」同理。且爲學或不積耳，積則未有不致於成者；〈送元秀才下第東歸序〉因元秀才應試不第，書以慰之，謂其不因窮途挫折而變操守，亦不以受屈而損其名，實乃決心毅力，不爲挫屈而餒；盛讚其勇於講學，急於進業，窮而愈工，長於應變，雖迭經下第，而益勵於學。全文均以鼓勵力學爲主旨。⑦又〈答貢士元公瑾論仕進書〉曰：

> 足下之文，左馮翊崔公先唱之矣，秉筆之徒由是增敬；足下之行，汝南周顗客又先唱之矣，逢掖之列亦以加慕。夫如是，致隆隆之譽不久矣，又何戚焉？〈卷三十四〉

公瑾，元秀才是也。序所謂「從計京師，受丙科之薦；獻藝春卿，當三黜之辱。」與書所謂「深寡和之慣，積無徒之歎」意同。黽勉公瑾誠積力久則能入於學，且貧賤不能移異陶煦力學之心志。又〈送薛判官量移序〉爲子厚送薛巽以序，文末勉之曰：

> 君子學以植其志，信以篤其道，有異於恆者，充而大之。

---

⑦ 王雲五《漢唐教學思想·第十八章、柳宗元的教學思想》，台灣商務印書館（民59）。頁217-8。

〈卷二十三〉

是知君子非天生，亦非賴身分、品秩以得之，唯經後天學習以培養高尚風骨，篤志力行，以成就理想道藝，此為子厚所勉勵有嘉者。

三、獨立思考

道之本原在儒家經傳，讀儒家經典既是為「明道」，使寫作可以旁推交通，而「其歸在不出孔子」〈卷三十四・報袁君陳秀才書〉，子厚〈答嚴厚興論師道書〉已謂「今世固不少章句師，僕幸非其人，吾子欲之，其有樂而望吾子者矣。」其對南北朝以降繁瑣而無發明之義疏既是鄙視，蓋以此等義疏之學不僅拘於辭句，且遺其詞，而〈時令論・上〉所論之治學態度，「益於世用」〈卷三〉、「輔時及物」、「不窮異以為神，不引天以為高，利於人，備於事，如斯而已矣。」均付諸闕如。子厚遂力主廣泛瞭解外在環境，並接觸客觀事物以養成獨立思考之能力，其文對此多所攄發。為印證治學方法，〈與劉禹錫論周易九六書〉論君子之學，「必先究窮其（昔人）書」〈卷三十一〉，有不可者而後革之。又針對陳說定見，予以翻案者，諸如：

〈桐葉封弟辯〉〈卷四〉周成王以桐葉為珪，戲封幼弟叔虞於唐之故事，歷來傳為君主言而有信之美談，子厚指出天子言行「未得其當，雖十易之不為病。」臣子不可對天子之錯誤，盲從附和。

〈封建論〉〈卷三〉以封建制度是否利於中央政權為議題。全文規模恢宏，氣勢奪人，大開大闔，有破有立，自理論與事實兩方面反覆論辯，不人云亦云之申論，蘇軾評曰：此〈封建論〉一

出，其他議論均可廢掉，即令聖人復出，亦無法改變宗元理論。
《東坡志林·卷五》

〈羆說〉藉一獵者遭遇，指出「不善內而恃外者，未有不爲羆之食也。」〈卷十六〉〈送寧國范明府詩序〉爲改革吏治而作，提出「吏者，人役也」〈卷二十二〉之政治主張。〈送薛存義序〉〈卷二十三〉爲〈送寧國范明府詩序〉之姊妹篇，抨擊當時腐朽黑暗之吏治。〈永州龍興寺息壤記〉〈卷二十八〉批判「息壤」傳說，以駁斥天人感應之爲謬說。⑧其對待古書所作辯列子、文子、鬼谷子、晏子春秋、亢倉子、鶡冠子等文〈卷四〉并見之客觀態度，使當時儒學滲入諸家學說。雖後世方苞以「夫子之道反害夫子」，曰：

> 子厚自述爲文，皆取原於六經，甚哉其自知之不能審也！彼言涉於道，多膚末支離，而無所歸宿。且承用諸經字義，尚有未當者。蓋其根源雜出周秦漢魏六朝諸文家，而於諸經，特用爲采色聲音之助爾。《方望溪集·五·書柳文後》

正爲子厚雜出周秦漢魏六朝諸家，其古文內容、思想義理得以獨攄己見，且閎其中而肆其外矣！

四、抱樸守眞

子厚在永州，雖以該處地瘠民貧，且因被貶致使心緒煩悶抑鬱，然以甚佳之山水景致，故常徜徉其間，排遣一己之苦悶。永

---

⑧ 子厚議論事理，無論問難答辯，或闡述申論，均能攄發己見，提出見地。對於爲學方法，主張獨立思考，俾對教師所授知識，「果是邪？非邪？有取乎？抑無取乎？」而宜「觀焉，擇焉。」（見〈答韋中立論師道書〉）敢於陳述己見，與今日教學方法所主張者契合。

州山水勝景，子厚幾乎踏遍，故謫居於此，雖仍有批判現實之作
與〈非國語〉等議論文字，然〈始得西山宴遊記〉之「心凝形
釋，與萬化冥合。」使原「爲僇人」之「惴慄」，得有閒適之
時。〈鈷鉧潭西小丘記〉以一尋常小丘，子厚卻使飲於溪之牛
馬、登於山之熊羆躍然紙上，至若無知之奇石，亦具血肉靈魂。
〈至小丘西小石潭記〉爲子厚觀察所得，景與神會、情景交融之
作；行文雖不加藻飾，亦自然精美。於永州遨遊山水之外，子厚
亦歆羨一切生物，遂在簷下栽竹，在階前種芍藥，在籬邊種菊，
其他所栽植者尚有白蘘荷、紅蕉、石榴、靈壽木、木芙蓉等，不
一而足，並作〈始見白髮題所植海石榴〉、〈種白蘘荷〉、〈溪
居〉、〈雨晴至江渡〉等俱見〈卷四十三〉，是知永州天然山水及花
草樹木，爲子厚歌詠自然、親近田家、徜徉山水，抱璞守眞之勝
景美地。

　　又作〈三戒〉〈卷十九〉，其序於開篇即提綱挈領表明爲文論
點。〈臨江之麋〉與《老子》謙下退讓之道相通。

> 人之所惡，唯孤、寡、不穀，而王公以爲稱。《老子·四十
> 一章》

> 貴以賤爲本，高以下爲基，是以侯王自謂孤、寡、不穀。
> 《老子·三十九章》

〈黔之驢〉與《老子·二十八章》所云：「聖人心懷純樸，因任
自然，所以能成爲百官之長。」之無智守璞思想相通。〈永某氏
之鼠〉與《老子·五十八章》：「禍兮福之所倚，福兮禍之所
伏」理有相同。唯歸眞返璞，內在誠實，則不受外在世俗之利誘
紛擾，內蘊其德，不向外馳。

第四節　師生關係

子厚嘗對師生關係與師道不可廢，生發不少議論。概括言之，可得下列數端：

一、魏晉以降，師道陵夷

〈答韋中立論師道書〉曰：「孟子稱『人之患，在好為人師』。由魏晉氏以下，人益不事師。」漢人經學之傳，彼此授受，各有淵源，故漢代重家法、師承，遂亦重師道。魏晉以降，儒學中衰，玄學佛學興起，「人益不事師」，乃成必然之勢。唐代儒學重振，理應重視師道，唯風氣已積重難返，韓愈召收弟子，獎掖後進，勇於為人師，作〈師說〉，子厚推重曰：

> 今之世，不聞有師，有輒譁笑之，以為狂人。獨韓愈奮不顧流俗、犯笑侮，收召後學，作〈師說〉，因抗顏而為師。世果群怪聚罵，指目牽引，而增與為言辭，愈以是得狂名。
> 〈卷三十四·答韋中立論師道書〉

子厚稱美退之師道論，並作〈師友箴〉對當時士大夫階級「恥於相師」之社會風氣，慨嘆：「舉世不師，故道益離。」「道苟在焉，傭丐為偶；道之反是，公侯以走。」〈卷二十五〉〈送易師楊君序〉曰：「世之學《易》者，率不能窮究師說，本承孔氏，而妄意乎物表，爭伉乎理外，……離其原，振其末，故羲文周孔之奧，詆冒混亂，人罕由而通焉。」〈卷二十五〉復以一己之幼年學琴與年長學書經驗為例，說明「不能得碩師」，致學習無法得其要領，雖極勤奮，仍無由學成，為人取笑。又〈與李睦州論服氣

書〉〈卷三十二〉視「師」與「道」二者爲一，對於師道之重視與闡揚，與退之見解一致；一言以蔽之，即「道之所存，師之所存也。」《韓昌黎文集校注·卷一·師說》唯當此「舉世不師」、「舉世笑之」，人人以相師爲恥之中唐社會，子厚不願身居爲師之名，以爲世人笑罵，故其作法與退之大相逕庭。〈答嚴厚輿論師道書〉云：

> 僕之所避者，名也，所憂者，其實也，實不可一日忘，僕聊歌以爲篾，行且求中以益己，慄慄不敢暇，又不敢自謂有可師乎人者耳，若乃名者，方爲薄世笑罵，僕脆怯，尤不足當也。〈卷三十四〉

此書作於憲宗元和八年（八一三）以後，子厚年逾四十，身居永州，早已文名甚著，欲向其學習而求爲弟子者甚夥，然爲力避爲師之名，致使嚴厚輿以韓愈爲例，冀子厚亦勇於爲人師，廣收門徒，⑨子厚拒曰：

> 僕之所拒，拒爲師弟子名，而不敢當其禮者也，若言道講古窮文辭，有來問我者，吾豈嘗瞑目閉口耶？……幸而亟來，終日與吾子言，不敢倦，不敢愛，不敢肆，苟去其名全其實，以其餘易其不足，亦可交以爲師矣，如此無世俗累而有益乎己，古今未有好道而避是者。〈卷三十四·答嚴厚輿秀才論爲師道書〉

子厚所拒者，非相互請益之實；乃爲師之名也。至若眞心向學、欲求知者，凡有言道講古窮文辭之心願，子厚極願不倦不吝、謹愼自守以終日講論，盡一己所知，教學相長，此交以爲師之方

---

⑨　錢仲聯《韓昌黎詩繫年集釋·卷十一》。

式，為子厚衷心嚮慕者，故願「去其名」而「全其實」，以免「世俗之累而有益乎己」。⑩

二、交以為師，力避師名

退之云：「師者，所以傳道、授業、解惑也。」子厚則曰：師之為用，在言道、講古、窮文辭。〈答嚴厚輿秀才論為師道書〉並自謂有以此三事來問詢者，未嘗不予以解答。

> 言道、講古、窮文辭以為師，則固吾屬事。僕才能勇敢不
> 如韓退之，故又不為人師。人之所見有同異，吾子無以韓
> 責我。若曰僕拒千百人，又非也。〈卷三十四〉

子厚具有為師之實，至於為師之名，卻未敢輕易承擔，蓋以彼時社會氛圍，「世久無師弟子，決為之，且見非，且見罪。」〈卷三十四·報袁君陳秀才避師名書〉復以個人因素，「僕自卜固無取，假令有取，亦不敢為人師。」又舉古道重冠禮，然不行於今，印證師道陵夷。

> 僕道不篤，業甚淺近，環顧其中，未見可師者。雖嘗好言
> 論，為文章，甚不自是也。……僕自謫過以來，益少志慮。
> ……平居望外遭齒舌不少，獨欠為人師耳。〈卷三十四·答韋
> 中立論師道書〉

其自言所持態度，與退之有別，蓋恆以人之患在為人師也。故主張「去其名，全其實；以其餘易其不足，亦可交以為師矣。如是，無世俗累，而有益乎己。」〈卷三十四·答嚴厚輿秀才論為師道書〉

---

⑩ 胡楚生《韓柳文新探·柳宗元對於師道的看法》，學生書局（民80）。頁193-5。

「交以為師」之論點，在於「以其餘易其不足」〈答嚴厚與秀才論為師道書〉，取長補短。唯因傳統「天地君親師」之觀念，為師者須先放下神聖不可侵之身段。因師生之間，「往來言所聞」，「子不有得焉，則我得矣。」〈答韋中立論師道書〉師生互動以交換資訊與學習心得，於教師而言，亦教學相長也。〈兌命〉曰：「斅學半。」「交以為師」尚包括師生學術討論時之平等、開放與民主，較退之「聞道有先後，術業有專攻」之識見，尤前進一程。

〈答韋中立論師道書〉曰：「吾子苟自擇之，取某事，去某事，則可矣！」教師所言，並非全然金科玉律，唯子厚教學相長之論點，適用於已具知識根基，且心智成熟之學生，至若年幼且缺乏背景知識與相關基礎者，必賴教師主導。是故子厚力避為師之名，代之以「交以為師」，以師為友，使師生關係成為師友關係。〈師友箴〉曰：

> 不師如之何？吾何以成？不友如之何？吾何以增？吾欲從師，可從者誰？借有可從，舉世笑之；吾欲取友，誰可取者？借有可取，中道或捨；仲尼不生，牙也久死，二人可作，懼吾不似。中焉可師，恥焉可友。謹是二物，用惕爾後。道苟在焉，傭丐為偶；道之反是，公侯以走。內考諸古，外考諸物，師乎友乎，敬爾無忽。〈卷十九〉

子厚將師友並稱，乃因為學須有良師外，尚須益友以為砥礪，師嚴而道傳，朋友相處，相歡而善以學習之；二者各有其用。所謂「不師如之何，吾何以成？不友如之何，吾何以增？」《荀子‧禮論》曰：

> 禮有三本：天地者，生之本也；先祖者，類之本也；君師

> 者，治之本也。無天地，惡生？無先祖，惡出？無君師，
> 惡治？三者偏亡焉無安人。

師固可使成材，友亦可以增進其材。蓋相互討論，可使學術激
盪，不至獨學而無友，則孤陋而寡聞，此亦增益學問之道也。⑪

三、漸漬導訓，來者不拒

教師對學生之態度應認真負責，「不敢倦，不敢愛，不敢
肆。」〈答嚴厚與秀才論為師道書〉代之以「有長必出之，有不至必
恝之。」〈報袁君陳秀才避師名書〉子厚實際竭誠指導之受教者甚夥，
其默默擔負教師崇高責任。《新唐書‧本傳》曰：

> 南方為進士者，走數千里從宗元游，經指授者，為文辭皆
> 有法。

又唐德宗貞元十四年（七九八）、國子司業陽城貶為道州刺史，
太學生深為不平，群集宮門請願，達數日之久，子厚時為集賢殿
正字，致書太學生，對彼輩行動表示同情與支持，〈與太學諸生
喜詣闕留陽城司業書〉自述：

> 始僕少時，嘗有意遊太學，受師說，以植志持身焉，當時
> 說者咸曰：「太學生聚為朋曹，侮老慢賢，有墮窳敗業，
> 而利口食者；有崇飾惡言，而肆闒訟者；有凌傲長上，而
> 諄罵有司者。其退然自克，特殊於眾人者無幾耳。」〈卷三
> 十四〉

墮窳敗業、崇飾惡言、凌傲長上之風氣，致令子厚「過太學之門

---

⑪　王雲五《漢唐教學思想‧第十八章‧柳宗元的教學思想》，台灣商務印書
　　館（民59年9月）。頁222。

而不敢跼顧，尚何能仰視其學徒者哉！」今乃諸生「奮志厲義，出乎千百年之表」，或因「陽公之漸漬導訓，明效所致乎。」子厚稱讚陽城「能幷容善偽，來者不拒」；反對者或責備陽城「過於納汙，無人師之道。」唯以中唐時社會風氣，陽城對太學生曉以「奮志厲義」，與正義抗爭，對學生採「來者不拒」之態度，實爲子厚積極鼓勵者。

　　子厚對於師弟子關係，始終未如韓愈公開建立，實因政治活動未失敗前，已避師弟子名而不居，其所作〈報袁君陳秀才避師名書〉〈卷三十四〉謂所以避師弟子名之由，「其所不樂爲者，非以師爲非，弟子爲罪也。有兩事，故不能：自視以爲不足爲，一也；世久無師弟子，決爲之，且見非，且見罪，懼而不爲，二也。」尤以後者之故，「故避師名久矣」。洎乎政治活動失敗後，更懼「衒怪於群目，以召鬧取怒。」〈答韋中立論師道書〉然此不足謂子厚未嘗從事教導。〈報袁君陳秀才避師名書〉曰：

> 僕避師名久矣。往在京師，後學之士到僕門，日或數十人，僕不敢虛其來意，有長必出之，有不至必蘉之，雖若是，當時無師弟子之說。〈卷三十四〉

此書作於永州，信中可見子厚對於後進青年，指點教導之勤；如有所長於對方者，必出而授之，其人有所未至者，必竭盡己力以教之，雖「避師名久矣」、「無師弟子之說」，唯默默踐行爲師之「實」。又〈答貢士廖有方論文書〉謂：

> 吾在京都時，好以文寵後輩。後輩由吾文知名者，亦為不少焉。〈卷三十四〉

此書亦作於永州，信中可見子厚極力獎掖後進，在京城時，常不惜降身屈己，爲後進之士撰文推挹，彼等經子厚引薦，往往聲譽

雀起，由是知名。類此之例，亦不在少。是故雖子厚被貶南方，
廖有方仍遠道投書，期望得子厚爲其文集撰序，引以自重。韓愈
〈柳子厚墓誌銘〉嘗云：

> 衡湘以南，爲進士者，皆以子厚爲師。其經承子厚口講指
> 畫爲文詞者，悉有法度可觀。

可見謫居以前至謫居後，長期憂患生活，子厚對教導一事，均極
熱誠。自謂「言道講古窮文辭以爲師，則固吾屬事。」〈答嚴厚與
秀才論師道書〉非僅如此，子厚謫居柳州時，「柳人以男女質錢，
過期不贖，子本均則沒爲奴婢。宗元設方計，悉贖歸之。南方爲
進士者，走數千里從宗元游。」⑫唯在京師時，既有不少後學之
士親踵登門請益，爲免見非見罪，不敢公然建立師弟子關係，則
韓文公所謂「衡湘以南，爲進士者，皆以子厚爲師。」非屬正
式、公開之師弟子關係可知矣。唯向其請益者甚夥；無論子厚之
政治得意或失意，均源源而來，由於培育獎掖後進者衆，亦可見
其散文在群衆中樹立之廣泛威信。

第五節　柳宗元教學法與用人觀

子厚生平際遇，或爲官，或遭貶，影響其思想、教學、處
世、用人，關係密切，可得而言者有二：

一、方中圓外以應世

唐順宗李誦支持之永貞革新，肇因於藩鎮割據、宦官擅權、

---

⑫　《新唐書·卷一六八·柳宗元傳》。

排斥忠良、任用姦佞、索取進奉、大興宮市；革新失敗斷送子厚政治前途，卻使其躋身於文學家與思想家之林。

　　子厚對現實不滿、遭遇悲憤後之心情，在〈跂烏詞〉、〈籠鷹詞〉、〈放鷓鴣詞〉等寓言詩中表露。〈跂烏詞〉以跂烏命運自喻，刻畫一令人同情之被害者形象。

　　　　翹肖獨足下叢薄，口銜低枝始能躍。還顧泥塗備螻蟻，仰
　　　　看棟梁防燕雀。〈卷四十三〉

現實生活中所遇嚴酷打擊，使其惴惴不安之恐怖心理。〈籠鷹詞〉為謫居永州時作，描繪猛志四海之蒼鷹，忽遇時令摧殘，致使夏秋二季全然不同之處境、形象與精神狀態，實以籠鷹自喻，藉以攄發當年勇敢參與政治革新之豪情，失敗後備受摧殘迫害之不平與憤懣。

　　子厚被貶永州後，精神上受極大壓抑，遂借山水景物以寄託一己清高孤傲之情懷，抒寫政治失意之鬱悶苦惱與對現實之不滿。其筆下山水，描繪客觀境界均極幽僻，而主觀心情則是寂寞、孤獨、冷清，時有沈鬱之氣。〈冉溪〉詩清晰自陳：

　　　　少時陳力希公侯，許國不復為身謀。風波一跌逝萬里，壯
　　　　心瓦解空縲囚。〈卷四十三〉

貶永州十年後召還，復出為柳州刺史，離家鄉與長安益遠，其悲憤情緒愈形深沈而強烈。〈嶺南江行〉為子厚溯湘江、入嶺南，繼而乘船經靈渠、進嶺南水系以赴柳州刺史任所之真實寫照，描寫一路所見之荒涼奇異景觀。

　　　　射工巧伺游人影，颶母偏驚旅客船。從此憂來非一事，豈
　　　　容華髮待流年！〈卷四十二〉

艱難險惡之處境及對未來之憂慮，於「射工」、「颶母」一聯，

亦表現相同手法與用意。〈登柳州城樓寄漳汀封連四州〉〈卷四十三〉為子厚元和十年（八一五）夏抵柳州後所作，藉在城樓見狂風急雨之南國景色，深切懷念同遭不幸之友人，抒發內心憤鬱不平與悲涼苦悶；非僅表現離鄉別友之悲苦心情，而「驚風」、「密雨」一聯，借景寓情，賦中有比，流露處境險惡及憂傷。〈與浩初上人同看山寄京華親故〉〈卷四十二〉寫於柳州，子厚因景生情，融情入景，將尖山比做割愁腸之利劍鋒芒，「若為化得身千億，散上峰頭望故鄉。」比喻新穎，想像奇特，亦可見子厚黜居蠻荒之愁苦，與望鄉難歸之悲哀。至於山水記，非為純粹客觀描寫自然，而滲透一己痛苦感受與抑鬱情懷。林紓《韓柳文研究法》云：「（子厚）山水諸記，窮桂海之殊相，直前無古人，後無來者。昌黎偶記山水，亦不能與之追逐。古人避短推長，昌黎於此，固讓柳州出一頭地矣。」柳文內容豐富而有識見，真實反應當時政治、社會生活，具現實主義精神，誠如子厚自道其主張「辭令襃貶」、「高壯廣厚，詞正而理備」之準則。凡此人生歷練與寫作藝巧，影響其處世哲學與教育思想、教學方法，可得而言者：

㈠守經知權

韓愈〈柳子厚墓誌銘〉云：「子厚少精敏，無不通達。」《韓昌黎文集校注·卷七》劉禹錫〈祭柳員外文〉亦謂：「惟君平昔，聰明絕人。」《劉禹錫集·卷四〇》是知子厚於友輩視之，蓋絕頂聰明，殆無疑問。然歷經永貞政治革新，子厚一再以愚、拙自嘲，以「愚者」自命，甚且將冉溪更名為愚溪，築室而居。

試觀劉禹錫〈唐尚書禮部員外郎柳宗元文集序〉稱子厚貶謫以前，「始以童子有奇名於貞元初，至九年，為名進士，十有九

年，爲材御史，二十有一年，以文章稱首，入尙書，爲禮部員外郎。」誠可謂平步青雲，一帆風順，令人稱羨。其後參與王叔文集團，退之嘗作〈永貞行〉告誡子厚⑬；〈順宗實錄〉亦對王黨多所指責⑭，「不自貴重顧藉」〈柳子厚墓誌銘〉。八司馬事件後衆口交相指責，面對如是處境，子厚嘗尋求聲援，如〈寄許京兆孟容書〉〈卷三〇〉檢討王黨致敗之由，自認行事亦皆奉順宗旨意，並無竊位意圖，唯因「愚者果於自用」，顧慮多有未周，以致進退失據，獲罪遭譴。

歷經憂患，子厚以爲君子行道處世之方，在於知經、知權，二者合一，以此教學生，可使受教者守經知權，通常達變。然何謂經？何謂權？〈斷刑論·下〉曰：

> 經也者，常也；權也者，達經者也，皆仁智之事也。〈卷三〉

是知經即原則，權即變通。經爲通變之起點，權爲守經之實踐；經爲仁，權爲智，仁智合一，知經守權；反之：

> 經非權則泥，權非經則悖。……知經而不知權，不知經者也；知權而不知經，不知權者也。偏知而謂之智，不智者也；偏守而謂之仁，不仁者也。〈斷刑論·下〉

守經知權之教育，可使「剛柔同體，應變若化，然後能志乎道也。」〈與楊誨之第二書〉正如孔子見南子，子路不悅〈雍也〉；佛肸召，孔子欲往〈陽貨〉；孔子答子貢有美玉於斯，待價而沽〈子罕〉之範例，可使學生守經知權，與時推移，處世不沾不滯，非兩脚書櫥，亦非食古不化，則應世之道，自是圓融。

---

⑬　錢仲聯《韓昌黎文集校注·卷七》，學海。頁332-3。
⑭　《韓昌黎文集校注·外集下卷·順宗實錄·卷一》。

㈡外圓內方

子厚因不肯混同於世，所以招禍；因不能謹言慎行，所以獲罪。嘗自道：

> 曩余志之脩蹇兮，今何為此戾也？夫豈貪食而盜名兮？不混同於世也。將顯身以直遂兮，眾之所宜蔽也。不擇言以危肆兮，固群禍之際也。〈卷三〇〉

既非因為貪利盜名，唯「年少好事，進而不能止」，「性又倨野，不能摧折」。〈與裴塤書〉有謂：

> 僕之罪，在年少好事，進而不能止，儔輩恨怒，以先得官。又不幸早嘗與游者，居權衡之地，十薦賢幸乃一售，不得者讟張排根，僕可出而辯之哉？性又倨野，不能摧折，以故名益惡，勢益險，有喙有耳者，相郵傳作醜語耳。不知其卒云何，中心之愆尤，若此而已。〈卷三〇〉

使子厚獲罪之真正原因，竟是「儔輩恨怒」。〈與蕭翰林俛書〉亦曰：

> 然僕當時年三十三，甚少，自御史裏行得禮部員外郎，超取顯美，欲免世之求進者怪怒媢嫉，其可得乎？……與罪人交十年，官又以是進……貶黜甚薄，不能塞眾人之怒，謗語轉侈，囂囂嗷嗷，漸成怪民。飾智求仕者，更曶僕以悅讎人之心，……而僕輩坐益困辱，萬罪橫生，不知其端。
> 〈卷三〇〉

唯以年輕有為，才華出眾，被不次拔擢，升任禮部員外郎，招人嫉忌，謗亦隨之。子厚自省所以致之者，〈愚溪詩序〉〈卷二十四〉遂將一己觸罪被貶之由，歸諸「愚」，曰：「余以愚觸罪」。又作〈送從弟謀歸江陵序〉曰：「吾不智，觸罪擯越楚間六年，

……追計往時咎過，日夜反覆，無一食而安於口，平於心。若是者，豈不以少好名譽，嗜味得毒，而至於是耶？」〈卷二十四〉是知經由深切反省，子厚知自己「少好名譽」、「年少氣銳，不識幾微」、「年少好事，進而不能止」、「將顯身以直遂」、「不擇言以危肆」〈卷三〇・寄許京兆孟容書〉，以一己之愚昧，獲罪如是。〈與蕭翰林俛書〉亦曰：

> 讀《周易・困卦》，至「有言不信，尚口乃窮」也，往復益喜曰：「嗟乎！余雖家置一喙，以自稱道，詬益甚耳。」
> 用是更樂瘖默，思與木石為徒，不復致意。〈卷三〇〉

子厚由是愈益保持瘖默，使如木石，無知無覺，不予辯解；並自承「以愚觸罪」，可「與木石為徒」，逃離攻擊。如是經驗，致使其教導學生為人處世，因自身刻骨銘心之人生體驗，〈與楊誨之書〉曰：

> 中之正不惑於外，君子之道也。然而顯然翹然，秉其正以抗於世，世必為敵讎。何也？善人少，不善人多；故愛足下者少，而害足下者多。吾固欲方其中、圓其外。〈卷三十三〉

吾人既知君子之道乃「公之大者」，「中之正不惑於外」，然水太清則無魚，人太清則無友；復以獨學而無友，則孤陋而寡聞，教師在行道、處世、教學時，為減少阻力，自須「方其中圓其外」；反之，「秉其正以抗於世，世必為敵讎。」子厚論守經知權時，嘗謂「知經者不以異物害吾道，知權者不以常人怫吾慮。」〈卷三・斷刑論下〉勿因不善人多而阻撓吾人之擘畫、籌策與實踐。子厚為免秉其正以抗於世，終遭世必為敵讎，遂以方其中、圓其外應世，此與西門豹為鄴縣令《韓非子・外儲說左下》有同

工異曲之妙，誠符國人應世接物之客觀規律。唯子厚「方其中圓其外」非同於「柔外剛中」，以致遭夾谷武子之臺。且「圓其外」更非屈原〈九章〉：「懲於羹者而吹虀」所云之與世同波，工為翦翦拘拘者之束縛手腳、戰戰兢兢以致畏縮不前者；〈與楊誨之第二書〉中，子厚自道：

> 然吾所謂圓者，不如世之突梯苟冒，以務利乎己者也。固若輪焉，非特於可進也，銳而不滯。亦將於可退也，安而不挫。〈卷三十三〉

方其中、圓其外之精義，在於進可攻、退可守；「內可以守，外可以行其道。」〈與楊誨之第二書〉雍容自然，坦蕩親切以處世也。

二、改革考試制度

㈠革新科舉

隨唐選拔人才制度與前代大相逕庭，在於廢九品中正制而以科舉代之。科舉者，設科目取士也；始自隨煬帝大業二年（六〇六）設進士科。⑮其對於唐代政治、人才培育、教育發展之貢獻，自不待言。唯中唐以後，科舉成為教育重心，所生現象大別為二：㈠學校教育目標在於準備應試科舉，以取得應舉；士子窮畢生精力重記憶之學以準備考試，而非為進德修業。唐禮部員外郎沈旣濟曰：「父教其子，兄教其弟，無所異者。……五尺童子，恥不言文墨焉。」⑯㈡貴冑子弟甚或甘願棄門蔭，轉而埋首攻讀。唐宗室子弟李洞因屢考不中，作詩曰：「公道此時如不得，昭陵

---

⑮ 杜佑《通典・卷十四・選舉》，北京：中華書局（1988）。頁343；馬端臨《文獻通考・卷二九・選舉考》，台灣商務印書館（民76）。頁273。

⑯ 《通典・選舉三》。

慟哭一生休。」科舉對社會學習風氣之影響，可見一斑⑰。

　　子厚文以明道之教育思想，付諸實行時，表現於「不以文辭為工」之外，即為「改革科舉考試」。〈送辛殆庶下第遊南鄭序〉〈卷二十三〉，揭露朝廷以文字求士之弊端。

> 僕在京師，凡九年于今，其間得意者，二百有六十人。其果以文克者，十不能一、二。

又科舉考試衍生諸多弊端，蓋有講關係、重門第、投詩干謁、結棚、通榜、公卷等。⑱子厚有感於此一考選制度之欺蒙與虛偽，作〈送婁圖南秀才遊淮南將入道序〉指責「今夫取科者，交貴勢，依親戚。」〈卷二十五〉以為當時科考僅「用文字求士」，不重實際，無足考察考生品德與真才實學。進士具些許學識本領者，十中難有一、二，況其「交貴勢，依親戚」以營私舞弊，堵塞尋常人家仕進之途，埋沒不少人才。

　　子厚為選拔真才實學之政治人才，故主張改革科舉制度。〈送崔子符罷舉詩序〉〈卷二十三〉以為：

> 即其辭，觀其行，考其智，以為可化人及物者，隆之；文勝質，行無觀，智無考者，下之。俗其以厚，國其以理。科不俟易也。

查察考生「行」「智」，非僅憑文章，且須注意其品行與文章思想、內容，凡能感染眾人，且言之有物者，宜受重視。反之，為求文辭華麗，空洞無物，無法窺知其品德才智者，宜堅不錄取。唯其如此，方可拔擢真才實學之士。

---

⑰　王定保《唐摭言·卷十》，上海：古籍出版社（1978）。頁109。

⑱　陳東原《中國教育史》，台灣商務印書館（民69）。頁185-8。

㈡任人唯賢

中唐時期，貴族官僚與既得利益者死守世襲制度，子厚據《左傳·隱公三年》所記：衛莊公寵幸其妾所生之子州吁，經大夫石碏勸止，復提出「六逆」之說，即所謂「賤妨貴，少陵長，遠間親，新間舊，小加大，淫破義，六者亂之本也。」子厚作〈六逆論〉反對世襲特權，予以批判。

> 余謂「少陵長，小加大，淫破義」，是三者固誠為亂矣。然其所謂「賤妨貴，遠間親，新間舊」者，雖為理之本可也，何必曰亂？〈卷三〉

對於「少陵長，小加大，淫破義」之說，子厚承襲儒家傳統思想，未予否定；然其明確指出「賤妨貴，遠間親，新間舊」非僅不是禍亂之源，且為治國之本。故曰：

> 夫所謂「賤妨貴」者，蓋斥言擇嗣之道，子以母貴者也。若貴而愚，賤而聖且賢，以是而妨之，其為理本大矣，而可舍之以從斯言乎？此其不可固也。夫所謂「遠間親，新間舊」者，蓋言任用者之道也。使親而舊者愚，遠而新者聖且賢，以是而間之，其為理本亦大矣，又可捨之以從斯言乎？必從斯言而亂天下，謂之師古訓可乎？此又不可者也。

子厚以「貴」「親」「舊」為愚蠢，「賤」「遠」「新」為賢明，後三者取代前三者乃理所當然，且可治理國政。故云：

> 晉屬死而悼公入，乃理；宋襄嗣而子魚退，乃亂，貴不足尚也。秦用張祿而黜穰侯，乃安；魏相成、璜而疎吳起，乃危，親不足與也。符氏進王猛而殺樊世，乃興；胡亥任趙高而族李斯，乃滅，舊不足恃也。

擁立有智慧、有道德者任國君；重用「遠而新」之有才德者為人

臣，雖是庶出，亦可使國家興旺，政治清明。子厚任人唯賢，反
對貴族世襲特權之論點，亦見諸〈封建論〉：

> 夫天下之道，理安，斯得人者也，使賢者居上，不肖者居
> 下，而後可以理安。今夫封建者，繼世而理，繼世而理者，
> 上果賢乎？下果不肖乎？則生人之理亂，未可知也。將欲
> 利其社稷，以一其人之視聽，則又有世大夫世食祿邑，以
> 盡其封略。聖賢生于其時，亦無以立於天下，封建者為之
> 也。〈卷三〉

是知其重申賢才對於治理天下之重要；「中興以人才爲本」，於
〈封建論〉中即已提出。反之，貴族世襲制度壓抑人才，縱有聖
賢，亦無由嶄露頭角。又〈梓人傳〉〈卷十七〉論及爲相者理天下
宜「條其綱紀」、「齊其法制」，與梓人「有規矩繩墨以定制」
同。「夫繩墨誠陳，規矩誠設，高者不可抑而下也，狹者不可張
而廣也。」爲相者應依法行事，按繩墨規矩辦事，此乃爲相者應
有之態度。又反對世襲特權，主張任人唯賢，對唐朝貴族官僚子
弟享有「恩蔭」、藩鎮割據勢力妄圖堅持「父死子繼」之嚴厲批
判，並有利於出身「卑微」之知識分子參政。

第六節　結　語

子厚終生爲變革現實、濟世利民而努力，生當唐代中葉，藩
鎮割據、宦官專權，把持朝政，橫征暴斂，子厚以人民身處水
火，關心民生疾苦，勇於向權勢挑戰。「永貞革新」失敗之前，
立志改革現實，以「利安元元爲務」，在政治上頗有抱負；失敗
後，將一己之精力轉至思想、教育與文化之再造，以「賢者不得

志於今，必取貴於後。」蘄「能著書，斷往古，明聖法，以致無窮之名。」貶謫後之心境雖抑鬱，生活環境雖艱難，仍著有大量詩文，凝聚「思利乎人」與「理安天下」之理想，其針對現實社會，發聵震聾之教育思想，對於當時與後世，貢獻至鉅。

第四章 王安石教育觀析論

前 言

王安石，北宋中葉政治家、思想家、文學家與教育改革家。綜其一生，嘗以政治與社會改革者之背景，觀察並思考教育改革；其教育理論與實踐始終與變法、改革相聯結，將教育改革視作變法之重要內容，與經濟、政治、軍事改革同步進行，互相配合，為中國歷史上對教育改革貢獻最多者之一。其積極興辦官學，增設地方學校，增撥地方學田，培育專門人才，設立專科學校，主張學以致用，使學用合一，重視人才之養、育、取、用，選用德才兼備之師資，統一教學內容，誠為一有遠見，有魄力，有理論，有實踐之改革家，在中國教育史上有重要地位，且影響深遠。死後集謗譽於一身，至梁啟超稱其為「三代以下一完人」①，錢穆先生以為：「安石新政，雖屬失敗，畢竟在其政制的後面，有一套高遠的理想。」②本文以安石文本為依歸，析論其教育觀、人才論、教材教法、學習觀、教育改革，及其對時代與今日教改之意義與啟發。

---

① 《王荊公》。頁 1。
② 《國史大綱・第六編・第三十二章・士大夫的自覺與政治革新運動》，台灣：商務印書館（民 74 年）。頁 433。

第一節　生平與教育活動

王安石，宋眞宗天禧五年辛酉（公元一〇二一年十一月十二日）③生。撫州臨川（今江西省臨川縣）人。少字介卿，後易介甫④。少好讀書，一過目終身不忘，其屬文動筆如飛，初若不經意，既成，見者皆服其精妙。幼隨父王益宦韶州，十六歲隨宦入京。十七歲，父任江寧府通判，後二年，其父卒於任上，安石自此定居江寧（今江蘇南京）。晚居江寧鍾山，號半山老人，神宗嘗封爲荊國公，故世稱王荊公，謚曰「文」，又稱王文公。哲宗天祐元年（一〇八六）卒，年六十六歲。⑤

與南豐曾子固鞏相友善，子固攜其文示歐陽脩，脩爲之延譽。⑥

宋太祖有鑒於唐代藩鎭跋扈，遂置轉運使以掌地方之軍需糧餉，又命文人以通判府州軍事，凡可以集權中央者無不用其極。宋初諸帝，率皆採取重文政策，是故科舉與教育二者，對於前者

---

③　以下換算成公元者，均不另著「公元」二字。
④　見吳曾《能改齋漫錄・卷十四・曾子固懷友寄荊公條》：「王荊公初官揚州幕職，曾南豐尚未第，與公甚相好也。嘗作〈懷友〉一首寄公，公遂作〈同學一首〉別之。《荊公集》具有其文。……然〈懷友〉一首，《南豐集》竟逸去，豈少作刪之邪？其曰介卿者，荊公少字介卿，後易介甫。」
⑤　宋人詹大和撰《王荊文公年譜》、晁公武《郡齋讀書志》、吳曾《能改齋漫錄》、王稱《東都事略・安石本傳》、杜大珪《名臣碑傳琬琰集・王荊公安石傳》，均以安石生於天禧五年辛酉，卒於元祐元年，享年六十六。
⑥　柯敦伯《王安石・第三章・第二節・曾鞏介安石於歐陽脩》，台灣：商務印書館（民54）。頁22。

之取士尤為重視，致使學校教育極為衰落。⑦

　　宋興八十三年間，官學狀況與唐末、五代時期相似；僅有一國子監，太祖雖曾下令增修，並三幸太學，復於建隆三年（九六二）夏、親會生徒講說，然至開寶八年（九七五），生徒尚僅七十人，「且有系經不至者」。⑧

　　眞宗景德年間，始置西京國子監；大中祥符四年（一〇一一）在永康軍始立鄉校；寶元元年（一〇三八）曾許大郡立學，然多係有名無實。慶曆三年（一〇四三）又立四門學與武學，不久即廢。教育不振，唯重科舉，結果所取人才「委先王之典，宗叔世之文，詞多纖穢，士惟偷淺，言不及道，心無存誠。」⑨無眞才實學之教育，遂使北宋仁宗以後，有三次興學之舉；其目標即為改革科舉，振興學校，對於宋代教育之發展，影響極大。其中第二次興學實行教育改革之主導者，即為王安石，其對科舉之設置、學制之改革，影響後世甚鉅。至第三次蔡京興學時，雖不復保存安石之精神，然形式尚本於安石。

　　又安石與周敦頤、邵雍、張載、程頤諸人同時，其中年以前，亦曾講學授徒，然此非其主意；實欲藉政治力量以推行之，故於宋神宗熙寧、元豐年間（一〇六八～一〇八五），兩次為相，並藉推行變法，實施教育改革。⑩

　　神宗去世，反變法大臣登上政治毯氈，政治形勢急劇變化。

---

⑦　王炳照《簡明中國教育史·第六章、宋元時期的教育·第一節、宋代的文教政策和教育制度》。頁169。

⑧　《文獻通考·卷四十二》。

⑨　《范文正公文集·卷八》。

⑩　陳東原《中國教育史·上仁宗皇帝言事書》。頁246。

迨安石逝世，學生擬設靈堂悼念，國子司業黃隱以主管國子監與
太學教育之身分震怒而欲懲處諸生，此時御史中丞劉摯、殿中侍
御史呂陶、監察御史上官均等，嘗激烈反對變法者，紛紛上書，
要求罷免黃隱⑪，渠等以安石政策容有諸多可議之處，然其學說
卻有不少可取者，劉摯奏曰：

> 故相王安石訓經旨，視諸家議說得先儒之意亦多，……安
> 石相業雖有間，然至於經術學誼，有天下公論在，豈（黃）
> 隱之所能知也。朝廷既立其書，又禁學者之習，此何理哉？
> ⑫

元祐元年（一○八六）四月，宰相司馬光給副相呂公著信中，亦
謂：「介甫文章節義，過人處甚多。」⑬對安石之經學理論與人
品評價甚高。

　　蓋神宗朝，士人專學安石註解，不究其他流派，並忽略文
史。哲宗繼位，年號元祐，元祐時期，朝廷大臣對神宗與安石之
政策全盤否定，然對神宗朝教育、科舉之措施，予以肯定。是以
劉摯又曰：「神宗崇儒重道，大建學制，訓發經典，以幸多士，
恩施甚厚。」⑭安石認為學校不應再用唐代舊注疏簡單解釋經典
字句，而應變為講授闡明聖人深義之學。此一思想終成為統治全
國文教之官方思想，全然取代唐朝舊注疏，中國傳統文化在此有
重大轉變。泊乎哲宗、徽宗統治期間，將王學定為唯一正統，並
以安石之「一道德」，抑止不同觀點。

---

⑪　呂陶《淨德集·卷四·請罷國子司業黃隱職任狀》。
⑫　劉摯《忠肅集·卷七·劾黃隱》。
⑬　李燾《續資治通鑑長編·卷三七四·元祐元年四月癸巳》。
⑭　李燾《續資治通鑑長編·卷三九○·元祐元年十月》。

綜上所言，神宗朝將安石學說定為唯一正統，取代北宋前期佔主導地位之唐代注疏，並結束仁宗朝開始之理論爭鳴。北宋後期，除元祐初高太后垂簾數年與向太后參與朝政數月，王學在朝廷支持下抑制各種不同觀點，統治全國教育，成為宋代學校教育發展之特殊現象，安石之教育活動影響大矣哉。⑮

第二節　興學思想形成之因

一、國亂日亟，變法圖強

北宋中葉，朝廷已現內憂外患之勢，土地兼併之風日烈，民間疾苦深重。真宗以後，「勢官富姓，占田無限，兼并冒偽，習以成俗，重禁莫能止焉。」⑯勢官富姓兼併田地無限，致使廣大農民喪失土地，轉徙流離，飢荒頻仍，由是導致財用不足，國力虛弱，邊疆迭受遼與西夏侵擾，安石謂政治情勢已見「邊夷外畔，士卒內潰，吏民騷動，死傷接踵。」《文集·卷三·論罷春燕劄子》⑰衡諸其教育思想形成之因，實與政治觀一以貫之；嘉祐三年（一〇五八）完成〈上仁宗皇帝言事書〉（以下簡稱〈言事書〉），長凡萬言，提出變法綱領。文中首論天下之亂，在於不知法度。蓋當時情況為：

> 顧內則不能無以社稷為憂，外則不能無懼於夷狄。天下之財力日以困窮，而風俗日以衰壞，四方有志之士，諰諰然

---

⑮　袁征《宋代教育：中國古代教育的歷史性轉折》。頁 43。

⑯　《宋史·卷一七三·食貨志·上一·農田》，台北：鼎文書局。頁 4164。

⑰　本文所引王安石文，均自《王安石文集》，以下省稱《文集》。

> 常恐天下之久不安，此其故何也？患在不知法度故也。《文
> 集‧卷一》

財政上「日益困窮」，政治上「日益衰壞」，天下之久不安，其
故何在？「患在不知法度故也」。然欲求改易更革天下之事，又
苦於人才不足；而人才不足，又肇端陶冶人才不得其道。嘉祐六
年（一〇六一）、〈上時政疏〉進而以歷史爲戒，說明「享國日
久」，必須「大明法度，衆建賢才」：

> 蓋夫天下，至大器也。非大明法度，不足以維持；非眾建
> 賢才，不足以保守，……賢才不用，法度不修，偷假歲月，
> 則幸或可以無他；曠日持久，則未嘗不終於大亂。……方
> 今朝廷之位，未可謂能得賢才；政事所施，未可謂能合法
> 度；官亂於上，民貧於下，風俗日以薄，財力日以困窮。
> 《文集‧卷一》

當時社會「官亂於上，民貧於下，風俗日以薄，財力日以困
窮。」當務之急爲「自救」，此一改革主張雖未爲仁宗與朝廷重
視，然引起社會注意，使安石名聞著於時。又〈本朝百年無事箚
子〉曰：

> 然本朝累世，因循末俗之弊，……一切因任自然之理勢，
> 而精神之運有所不加，名實之間有所不察，君子非不見貴，
> 然小人亦得廁其間；正論非不見容，然邪說亦有時而用；
> 以詩賦記誦求天下之士，而學校無養成之法；以科名資歷
> 敘朝廷之位，而無官司課試之方；監司無檢查之人，守將
> 非選擇之吏，轉徙之亟，既難於考績，而游談之眾，因得
> 以亂真；交私養望者，多得顯官，獨立營職者，或見排沮，
> 故上下偷惰取容而已，雖有能者在職，亦無以異於庸人。

農民壞於繇役，……兵士雜於疲老。……《文集·卷三》
安石於母喪大悲之時，憂國之心無絲毫懈怠，期間完成〈書洪範傳後〉《文集·卷四十六》、〈虔州學記〉《文集·卷二十六》、〈太平州新學記〉《文集·卷二十六》，竭力宣揚改革變法。又〈太平州新學記〉《文集·卷二十六》寫治平三年（一〇六六）司農少卿建安李仲求於太平州（今安徽當塗縣）子城東南建房新學，說明興學之重要；全篇由新學之建，論及學習，「嗟乎！學之不可以已也久矣。」評論現實是非，匡正社會風氣，提倡興學育才，主張道德性命為學問之本，從而奠定其學說理論基礎。

二、立志革新，唯賴人才

〈言事書〉文首論及國亂日亟之因，在於不知法度；唯徒法不足以自行；沒有人才，即令有新法亦礙難推行；苟得人才，各級官吏即可擇其人而取足，繼而進行變法，方不至緣木求魚。故其大聲疾呼：「方今之急，在於人才而已。」人才乃變法之先決要件，為當時緊迫需要者。

〈言事書〉可視作安石人才救國之宣言，對其日後改革科舉、興辦學校，關係至鉅。其謂：

> 然而臣顧以謂陛下雖欲改易更革天下之事，合於先王之意，其勢必不能者，何也？以方今天下之才不足故也。臣嘗試竊觀天下在位之人，未有乏於此時者也。夫人才乏於上，則有沈廢伏匿在下，而不為當時所知者矣。臣又求之於閭巷草野之間，而亦未見其多焉。豈非陶冶而成之者非其道而然乎？

若欲革命維新，又苦於人才不足。反覆陳述變法改革時，培育人

才之重要性，且其法在於「教之、養之、取之、任之」。

> 人之才，未嘗不自人主陶冶而成之者也。所謂陶冶而成之
> 者何也？亦教之、養之、取之、任之有其道而已。所謂教
> 之之道者何也？古者天子諸侯，自國至於鄉黨皆有學，博
> 置教導之官，而嚴其選，朝廷禮樂、刑政之事，皆在於學，
> 士所觀而習者，皆先王之法言德行治天下之意，其材亦可
> 以為天下國家之用。苟不可以為天下國家之用，則不教也；
> 苟可以為天下國家之用者，則無不在於學。此教之之道也。
> 所謂養之之道者何也？饒之以財，約之以禮，裁之以法也。
> ……所謂取之之道者，何也？先王之取人也，必於鄉黨，
> 必於庠序，使眾人推其所謂賢能，書之以告於上而察之。
> 誠賢能也，然後隨其德之大小、才之高下而官使之。……
> 所謂任之之道者，何也？人之才德，高下厚薄不同，其所
> 任有宜有不宜。先王知其如此，故知農者以為后稷，知工
> 者以為共工。其德厚而才高者以為之長，德薄而才下者以
> 為之佐屬。又以久於其職，則上狃習而知其事，下服馴而
> 安其教，賢者則其功可以至於成，不肖者則其罪可以至於
> 著。……

安石直陳：「所謂陶冶而成之者何也？亦教之、養之、取之、任
之有其道而已。」然國家缺乏人才，非天下無人才，乃因現實教
育敗壞，非僅不能陶冶有用人才，且足以毀壞人才，遂揭露現存
官僚制度之弊端，並建議改革教育、改革科舉制度，使所培育者
能「為天下國家之用」，並提出針砭之道：

> 「教之」之道，一言以蔽之，為擇才而教；「苟不可以為天
> 下國家之用，則不教也；苟可以為天下國家之用者，則無不在於

學。」是故教師宜選任稱職者，學生則宜導以注重實際之學，教材不能只知文事。

「養之」之道在於使士大夫衣食足然後知榮辱；並提出具體辦法在於「饒之以財，約之以禮，裁之以法。」

「取之」之道則宜參酌「先王之時，盡所以取人之道，猶懼賢者之難進，而不肖者之雜於其間也。今悉廢先王所以取士之道，而歐天下之才士，悉使爲賢良、進士，則士之才可以爲公卿者，固宜爲賢良、進士，而賢良、進士亦固宜有時而得才之可以爲公卿者也。然而不肖者苟能雕蟲篆刻之學，以此進至乎公卿；才之可以爲公卿者，困於無補之學，而以此絀死於巖野，蓋十八九矣。」〈言事書〉公卿之選，既不得其人，使不肖者在位，則類聚於政府者，俱將是一般不肖之徒，政治豈有清明之日。

「取之」既不以其道，「任之」又不問其德之所宜，僅以出身品秩，不論其才之稱否，或用非所學，「以文學進者，且使之治財；已使之治財矣，又轉而使之典獄；已使之典獄矣，又轉而使之治禮。是則一人之身，而責之以百官之所能備，宜其人才之難爲也。」〈言事書〉既以爲科舉考試脫離現實，復對當時學校之教學內容極爲不滿。又詩賦課程耗費學生精力，卻對未來從政無絲毫裨益；學生從政須知法律、制度，學校卻又不教。

第三節　教育觀

陶冶人才之道既在教之、養之、取之、任之四階程，並進而論教之之道在於設立學校，嚴選教師，教以朝廷禮樂刑政之事，使學生得以觀習先王之法言德行及治天下之意。凡所教者，皆可

以爲天下國家之用。茲析其論點如下：

一、擇才而教

孟子曰：「得天下英才而教育之，一樂也。」《孟子·盡心上》
又有「勞心者」與「勞力者」之分。中國自古以來之精英教育，
安石則以爲「苟不可以爲天下國家之用，則不教也；苟可以爲天
下國家之用者，則無不在於學。」〈言事書〉擇才而教使學校培育
有用之從政人才。人才既與國家命運、王朝前途息息相關，且學
校是培育人才之基地，教育爲造就人才之途徑。〈乞改科條制箚
子〉曰：

> 古之取士，皆本於學校。……自先王之澤竭，教養之法無
> 所本，士雖有美材而無學校、師友以成就之，議者之所患
> 也。《文集·卷四》

學校與人才之關係既甚，然北宋當時學校，國子學與太學招生對
象有身分、品級限制，且名額有限；教材教法屬「講說章句」、
「課試文章」，教師未能「嚴其選」，國子學乃「游寓之所，殊
無肄習之法。居常聽講者，一二十人耳。」[18]至若郡縣所設之地
方學校，多爲慶曆四年（一〇四四）范仲淹興學時奉命建立，亦
乏師資，管理不善，已有名無實。

教育目的既爲培育天下國家所用之人才，苟非如此則失教育
意義。〈言事書〉曰：

> 古者天子諸侯，自國至於鄉黨皆有學，博置教導之官，而
> 嚴其選，朝廷禮樂、刑政之事，皆在於學，士所觀而習者，

---

[18] 《宋史·卷一五七·選舉志三》，台北：鼎文書局。頁3659。

皆先王之法言德行治天下之意，其材亦可以為天下國家之
用。苟不可以為天下國家之用，則不教也；苟可以為天下
國家之用者，則無不在於學。此教之之道也。

至若「取才」之標準，安石以為：「所謂文吏者，不徒苟尚文辭
而已，必也通古今，習禮法，天文人事，政教更張，然後施之職
事，則以詳平政體，有大議論使以古今參之是也。」是故「諸
生」應「不獨取訓習句讀」，尚須「習典禮，明制度」。《文集·
卷四十四·取材》然當時學校教育之實情為：

> 方今州縣雖有學，取牆壁具而已，非有教導之官，長育人
> 才之事也。唯太學有教導之官，而亦未嘗嚴其選。朝廷禮
> 樂刑政之事，未嘗在於學，學者亦漠然自以禮樂刑政為有
> 司之事，而非己所當知也。〈言事書〉

安石有鑒於州郡無教育，由來已久；因唐代廢學為廟，以祀孔
子；斲木搏土如浮屠道士之法，春秋日州縣吏帥其屬釋奠於其
堂，學士或不能預。⑲太學雖有教育之官，亦多人不稱職。欲變
法圖強，則學校首應培養理財富國、整軍強兵之人才，既有經
術，明乎「朝廷禮樂刑政之事」，且知「武事」，為從政之基本
條件。

至若「才」之標準為何？⑳一言以蔽之，曰：「經世務」
也。故反對當時學校教育之不良現象；學生求學不知注重政經、
社會實際需要，教師亦不稱職，蓋與教育所欲培植之人才，為通
經致用、文武兼備、博學多聞，實背道而馳。

---

⑲ 參看《文集·卷二十七·慈溪縣學記》。
⑳ 王越、楊榮春、周德昌主編《中國古代教育史·第六章、宋元時期的教育
·第三節、王安石的教育思想及其教育改革主張》。頁222。

二、通經致用

　　〈慈溪縣學記〉將學習與政教相提並論。蓋古代重視興學、教化，知「天下不可一日而無政教，故學不可一日而亡於天下。」教學目標爲「治天下國家之道」；教學內容廣博，且包括多種藝能技巧，「鄉射飲酒，春秋合樂，養老勞農、尊賢使能、考藝選言之政」，甚或「受成、獻馘、訊囚之事」；學習貴在致用，師資來源不僅限士大夫之智能品行完美高潔者，且及於具施政才華之退職人員，不僅有書本知識，且具實務經驗之德才兼備者，爲師者非「講章句、課文字而已。」慈溪縣令林肇立學以化民成俗，「教化可以美風俗」，經時既久，「而後至於善」。安石嘗對神宗皇帝諫言：「經術正所以經世務，但後世所謂儒者，大抵皆庸人，故世俗皆以爲經術不可施於世務爾。」[21]經術者，非爲闡明「天道」，或通達「天理」，乃在於「經世務」。此一教育觀點，使其對彼時教材之不當，評議曰：

> 　　學者之所教，講說章句而已。講說章句，固非古者教人之道也。近歲乃始教之以課試之文章。夫課試之文章，非博誦強學窮日之力則不能。及其能工也，大則不足以用天下國家，小則不足以爲天下國家之用。故雖白首於庠序，窮日之力以帥上之教，及使之從政，則茫然不知其方者，皆是也。〈言事書〉

安石以爲，學校不僅教生徒以知識，且使觀摩實習公務，誠如鄭子產不毀鄉校之意，復使一般人可在此議論國政，獲公民訓練之

---

[21]　《宋史·卷三二七·王安石傳》，台北：鼎文書局。頁 10544。

機會。是知其教育理想，原欲取士大夫之才行完潔者，使習於仁義，朝夕見聞皆治天下國家之道，一旦取以備公卿大夫百執事之選，則其才行皆已素定，而士之備選者，其設施亦皆素所見聞，不待閱習而後能。故曰：「天下不可一日而無政教，故學不可一日而亡於天下。」〈慈溪縣學記〉反之，學校教育既脫離實際「從政」之要求，僅注意講說章句與課試文章，絲毫無補於天下國家之實用性，即令終生受教，亦不堪大任。為培養「經世務」之從政人才，提出文武並重之教育方針：

> 先王之時，士之所學者，文武之道也。士之才，有可以為公卿大夫，有可以為士。其才之大小，宜不宜則有矣。至於武事，則隨其才之大小，未有不學者也。……故邊疆、宿衛，皆得士大夫為之，而小人不得奸其任。〈言事書〉

〈取材〉亦謂：

> 所謂文吏者，不徒苟尚文辭而已，必也通古今，習禮法，天文人事，政教更張，然後施之職事，則以詳平政體，有大議論使以古今參之是也。

〈使醫〉曰：

> 藥云則藥，食云則食，坐云則坐，作云則作，夫然，故醫也得肆其術而無憾焉，不幸而病且亡，則少矣。藥云則食，坐云則作，曰姑如吾所安焉爾，若人也，何必醫？如吾所安焉可也。凡疾而使醫之道皆然，而腹心為甚，有腹心之疾者，得吾說而思之其庶矣！《文集·卷四十五》

以醫術為喻，說明用人治國之道，闡明安石「興賢」、「委任」之一貫思想。良醫依據病人狀況，對症下藥，吾人學習亦如「有腹心之疾者」，與醫病同理；須依實際狀況學習之。勸諫「在上

者」選擇「尤良者」委以重任，使其有職有權，發揮才能，施展抱負以治國圖新。〈上人書〉《文集·卷三十三》又云：「所謂文者，務爲有補於世而已矣。」以爲言辭形式之美有如器物之文飾，雖不可全然廢止，然亦不能置於首位；器物非必華麗巧妙，唯以「適用爲本」，能補於世者方爲好文章。「有補於世」，即指文章可裨益於現實社會與世道。

> 所謂辭者，猶器之有刻鏤繪畫也。誠使巧且華，不必適用；誠使適用，亦不必巧且華。要之，以適用爲本，以刻鏤繪畫爲之容而已。不適用，非所以爲器也。不爲之容，其亦若是乎？否也。然容亦未可已也，勿先之，其可也。

闡述內容實用與外觀形式之主從關係；〈與祖擇之書〉《文集·卷三十三》亦重複此意：「治教政令，聖人之所謂文也。」「聖人之於道也，蓋心得之，作而爲治教政令也。」「書諸策而傳之人。」〈上人書〉文章之作肇端古聖先賢治理世事，是故對於「以章句聲病，苟尚文辭」爲教材，「徒以記問爲能，不責大義」〈取材〉之教學，必須改弦更張。教學內容應著眼於「邦家之大計」、「治人之要務」、「政教之利害」、「安邊之計策」、「禮樂之損益」、「天地之變化」、「禮器之制度」〈取材〉等實際問題，凡此論點，於安石之教育與科舉改革中付諸實行。其教育重實用之經世思想，「苟不可以爲天下國家之用，則不教也；苟可以爲天下國家之用，則無不在於學也。」〈言事書〉方不至「大則不足以用天下國家，小則不足以爲天下國家之用。」

三、文武並重

宋朝內憂外患之癥結有二，一爲土地兼併日烈，致使民不聊

生；二為國力虛弱，邊疆迭受侵擾。以仁宗朝為例，天聖三年（一○二五），晉、絳、陝、解等州飢荒；明道元年（一○三二）冬，京東、淮南、江東諸路飢荒，二年，遭災荒之地區加多，「畿內、京東西、河北、河東、陝西蝗，淮南、江東、兩川飢。」[22]災荒頻仍，導致國庫財用不足。國力虛弱之際，邊疆迭受侵擾。仁宗康定元年（一○四○）春正月，夏元昊「寇延州、執鄜延、環慶兩路副都總管劉平、鄜延副都總管石元孫。」[23]同年秋九月，元昊攻陷乾溝、乾河、趙福三堡。嗣後連年侵擾豐州、渭州等地，至慶曆三年（一○四三）夏四月，始與夏議和，「歲賜絹十萬匹，茶三萬斤。」[24]

又仁宗在位時，非僅外族犯邊，內部少數民族亦反叛不斷，較大規模者計有：湖南瑤民、桂陽「蠻」、安化「蠻」、廣沅州「蠻」儂智高，均起兵作亂。儂智高且於皇祐四年（一○五二）夏五月，攻陷邕州，繼而進兵至橫、貴等八州，圍廣州，聲勢浩大。[25]

安石好讀書，針對上述現實政治、經濟、軍事之板蕩，提出教育改革，以「為天下國家之用」適應環境；「用天下國家」〈言事書〉改造環境，唯學用合一，造就經世之才。

> 蓋今之教者，非特不能成人之材而已，又從而困苦毀壞之。使不得成材者何也，夫人之才成於專而毀於雜，故先王之處民才，處工於官府，處農於畎畝，處商賈於肆，而處士

22　《宋史·卷十·仁宗本紀二》，台北：鼎文書局。頁197。
23　《宋史·卷十·仁宗本紀二》，台北：鼎文書局。頁206。
24　《宋史·卷十一·仁宗本紀三》，台北：鼎文書局。頁215。
25　《宋史·卷十二·仁宗本紀四》，台北：鼎文書局。頁232。

於庠序，使各專其業而不見異物。……今士之所宜學者，天下國家之用也。今悉使置之不教，而教之以課試之文章，使其耗精疲神窮日之力以從事於此。及其任之以官也，則又悉使置之，而責之以天下國家之事。夫古之人以朝夕專其業於天下國家之事，而猶才有能有不能，今乃移其精神奪其日力以朝夕從事於無補之學，及其任之以事，然後卒率然責之以為天下國家之用，宜其才之足以有為者少矣。

〈言事書〉

科舉教育置「國家之用」不教，代之以「課試之文章」，使學生耗精疲神，矻矻孜孜朝夕於此，實無補於學。他日任之以事，英才亦不足以有為乃逆料中事，故整頓州縣地方學校勢在必行。

又中國帝王為保持一家之王位計，多重文輕武，以弱人民。浸至外禍日逼，無法抵禦，而以有宋一代為尤甚。宋於開國之初，燕雲十六州之地即未完全收入版圖，傳至眞宗，又有契丹入寇、澶淵之盟。仁宗時，西夏強盛，連年擾邊。安石生當其時，目擊心傷，思有以挽救之。於〈言事書〉中，力陳武事之不可偏廢，曰：

先王之時，士之所學者，文武之道也。士之才，有可以為公卿大夫，有可以為士。其才之大小、宜不宜則有矣。至於武事，則隨其才之大小，未有不學者也。故其大者，居則為六官之卿，出則為六軍之將也。其次則比、閭、族、黨之師，亦皆卒、伍、師、旅之帥也。故邊疆、宿衛，皆得士大夫為之，而小人不得奸其任。……今孰不知邊疆、宿衛之士不足恃以為安哉？顧以為天下學士，以執兵為恥，而亦未有能騎射行陣之事者，則非召募之卒伍，孰能任其

　　事者乎？

此一主張乃針對宋朝當時內憂外患之實際狀況，劃切陳明「重文輕武」與「文武異事」教育之弊端，痛下針砭。武事既不可偏廢，故其當國，即以保甲、保馬二法，實行寓兵於民之政策以取代「講說章句」與「課試文章」之教。

　　保甲法係參酌三代以來之舊法，重新擬定以成適用於當時國家之新法。籍鄉村之民，二丁取一。十家為保，有保長。五十家為大保，有大保長。十大保為都保，都保有正副。保丁皆授以弓弩，教之戰陣。其主旨有三：㈠清除姦盜，安定民生；㈡使人漸習軍事，建立民兵；㈢節省經費，以達保家衛國、富國強兵之目的。蓋以北宋時期雖外有強寇，人民仍酣於佚樂，不知兵革，有識之士無不憂心。從蘇軾〈教戰守策〉一文中可見一斑。安石為救此弊端，故力排眾議，以保甲組織，使人民自治，擔任警察，平時守望相助，遇有盜賊，即逐保擊鼓，以驅賊寇，且訂有賞罰條例，以獎懲功過，由此訓練人民熟習兵事，且可減少募兵，以消除軍中驕矜之志，節省養兵軍費。保甲法自熙寧三年（一〇七〇）始實施，至元豐八年（一〇八五）罷廢，歷時十四年餘。

　　既實施保甲法，則馬為戰陣必需之物，用以教人民學習騎戰。安石參酌慶曆年間所行之戶馬舊法，針對宋代養馬之弊端，在於馬不蕃息，戰騎不給，空靡國帑。為補救官馬短缺，配合保甲法之施行，並節省國家養馬費，凡願養馬者，戶一匹，或以監牧中現有之馬予之，或官給以等值，使自市馬以養之。每歲閱其肥瘠，死病者責令補償。唯因賠償辦法未盡合情理，反為人民增添麻煩，自熙寧五年（一〇七二）五月起，至元豐八年（一〇八五）十二月止，計施行十三年餘。

宋代官學，重視「武學」，於安石當政時尤甚，嘗訂定配套之規章制度，並委派兵部郎中韓縝主持其事，切實施行，以貫徹文武並重之教育思想，因應當時形勢之迫切需要，保甲、保馬二法雖於元豐八年罷廢，然其爲配合重視「武學」，予以設辦之初衷，應予肯定。

四、後天力學，博學多聞

王安石〈禮論〉曰：

> 夫斲木而爲之器，服馬而爲之駕，此非生而能者也，故必削之以斧斤，直之以繩墨，圓之以規，而方之以矩，束聯膠漆之，然後器適於用焉。前之以銜勒之制，後之以鞭策之威，馳驟舒疾，無得自放，而一聽於人，而後馬適於駕焉。

器皿之適於用，良駒之適於駕，皆由斧斤、繩墨、銜勒、鞭策等後天工夫有以致之，非先天即可達成，學習亦類於此。〈傷仲永〉《文集·卷四十六》作於仁宗慶曆三年（一○四三），安石時年僅二十三，文中描述天才少年方仲永因父親及鄉人之庸俗愚昧，未得繼續學習、接受教育，至終庸碌一生，以闡發學習、教育之重要。即令神童亦須不斷學習，積累知識，得以保持聰穎悟性；至若常人資質平庸，「不受之天，固衆人，又不受之人，得爲衆人而已耶？」是故後天學習與教育尤爲重要。

重視後天學習之同時，教育亦不輕忽「天性」。〈禮論〉曰：狙猿無「尊卑」、「揖讓」，雖「畏之以威而馴之以化，其可服邪？」，主張學習須依生理、心理之不同，方得以收預期效果。然既生而爲人，則喜、怒、哀、樂、好、惡、欲爲吾人所共同有者，當其未曾表現於外時，即性之本體；一旦因故表現於

外，即謂之情，故曰：「性者情之本，情者性之用。」《文集·卷四十二·性情》以情與性互爲表裡，既有區別而又關連統一，相互依存。批駁「性善情惡」之說，蓋性善情亦善，性惡情亦惡，是故「君子養性之善，故情亦善；小人養性之惡，故情亦惡。」情亦爲生人所不能免者。然性無所謂善惡，如遇外界刺激，而有喜怒哀樂之情，發而中節即爲善，反之即爲惡，〈性說〉曰：

> 然則孔子所謂「中人以上，可以語上；中人以下，不可以語上。」「惟上智與下愚不移」。何說也？曰，習於善而已矣，所謂上智者；習於惡而已矣，所謂下愚者；一習於善，一習於惡，所謂中人者。上智也，下愚也，中人也，其卒也命之而已矣。《文集·卷四十三》

> 情生乎性，有情然後善惡形焉，而性不可以善惡言也。〈原性〉

由〈原性〉《文集·卷四十三》知安石之情性論與孔子「性相近也，習相遠也」類似。既不同於孟子性善論，亦不同於荀子性惡論，而與揚雄《法言·修身》所云「人之性也善惡混」論近似。吾人若情發時合於善，使成習慣，則性亦善；若情發時流於惡，且成習慣，則性自惡。故善惡之名雖得於情，唯其根本在於性，故君子貴養，苟能養性之善，則情亦善矣！

既有「養善以成就情性」之教育觀，安石三十四歲作〈遊褒禪山記〉《文集·卷二十七》，名爲記遊，實爲說理，「入之愈深，其進愈難，而其見愈奇。」以遊山之所見、所思，說明世上「奇偉瑰怪」之景致與境界，常在既險且遠之處，吾人唯賴堅定意志，佐以外物輔助，始得到達目的。若半途而廢，除他人譏刺，自己亦終將後悔，苟若盡全力而爲之，雖不達目的，可以無悔

矣，闡述安石百折不撓，勇往直前之決心與毅力，實則與其一生從政、治學之強毅個性相一致。〈達孫元規大資書〉《文集·卷三十三》於婉轉言辭之中，寓不亢不卑，秉正道而行之態度，不畏巨室。〈答段縫書〉《文集·卷三十一》一方為曾鞏辯白，一方承認曾鞏避兄而舍，及己所以不用文字規戒之故，不偏不倚，令對方無從置喙，均可見安石重視薰陶漸染、力學以至之之論見。〈答曾子固書〉曰：

> 某但言讀經，則何以別於中國聖人之經？子固讀吾書，每如此，亦某所以疑子固於讀經有所不暇也。然世之不見全經久矣，讀經而已，則不足以知經。故某自百家諸子之書，至於《難經》、《素問》、《本草》、諸小說，無所不讀；農夫女工，無所不問。《文集·卷二十九》

自道治學方法，一為博覽群書；除儒家經書、百家諸子之書，甚至醫書、筆記小說亦「無所不讀」，吸收各家學說之長，故能提出變法主張。二為注重調查；請教對象不限知識分子，且擴大及於「農夫女工，無所不問。」故能瞭解民間疾苦，體察下情，實行變法。自「無所不讀」，至「無所不問」，概括安石治學之主要途徑，復闡述「無所不讀」、「無所不問」之因及實行方法，藉書信詮釋儒家思想為綱，博採眾家而知所取捨，不受「異學」干擾，並以揚雄為佐證，為學終能「有所去取」，「以明吾道」。為學當讀聖人之經籍，而非佛經，惟讀經不能僅限於經書，必須旁涉諸子百家，相與比較，然後能知其經書大體而無疑也。此一教育觀，係批判「講說章句」、「苟尚文辭」之學風，一方面是對二程「近取自身，百理皆具」之說法，予以反對，復

繼承並發揮王充教育思想。㉖

五、浹於民心

　　安石以爲，教育之基本精神爲「善教者浹於民心」，使受教者潤澤浹洽，進至感動、教化其思想，而非「暴爲之制，煩爲之防，劬劬於法令誥戒之間。」《文集·卷四十四·原教》〈原教〉曰：

> 善教者藏其用，民化上而不知所以教之之源。……善教者之爲教也，致吾義忠，而天下之君臣，義且忠矣；致吾孝慈，而天下之父子，孝且慈也。致吾恩於兄弟，而天下之兄弟，相爲恩矣；致吾禮於夫婦，而天下之夫婦，相爲禮矣。天下之君君臣臣、父父子子、兄兄弟弟、夫夫婦婦、皆吾教也。……不善教者之爲教也，不此之務，而暴爲之制，煩爲之防，劬劬於法令誥戒之間……。

將治理國家之方法歸納爲二：「善爲教者」與「不善爲教者」。「善爲教者」不以教育者、管理者自居，強聒於民，代之以身體力行，以身作則，使「民化上而不知所以教之之源。」至於「不善爲教者」依靠訓誡說教，嚴刑酷法，使「民知所以教之之源而不誠化上之意也。」以法令規範施教，不啻強迫教育，違反自然，是故「強之爲言，其猶圉毛羽，治鱗介乎？一失其制，脫然逝矣。」〈原教〉若唯賴規章制度，是乃「以道強民」，如同今之形式主義教育。反之，善教者在使受教者於潛移默化之中，受其感化；不善教者反是，動輒強迫，違者輒予以懲處，終不能使人悅服，其成效遠不及善教者之浹於人心。是故正確之教育法，宜

㉖　王越、楊榮春、周德昌主編《中國古代教育史》。頁223。

「以道擾民」，而非「以道強民」。「擾之爲言，猶山藪之擾毛
羽，川澤之擾鱗介也，豈有制哉？自然然耳。」〈原教〉安石既反
對天才論，重視後天學習鍛鍊，強調斧斤、繩墨、銜勒、鞭策之
作用，復於〈原教〉倡言毋「暴爲之制，煩爲之防。」蓋以教育
不能僅憑強迫、制裁以達成教學效果，此乃《禮記・學記》所
謂：「導而弗牽，則和；強而弗抑，則易；和易以思，可謂善喻
矣。」《禮記・周官》云：「司徒掌邦教，敷五典，擾萬民。」
爲安撫萬民使之順服，王符《潛夫論・志氏姓》曰：「擾馴鳥
獸」，是知擾者，在於自然教化，而非強迫牽抑學習者之學習意
願或性向，方不致「法令諂戒，文也；吾云爾者，本也。失其本
而求其文，吾不知其可也。」〈原教〉一言以蔽之，安石所主張之
教學法，在感化，而不在強制。[27]

　　教師既知「善教者浹於民心」，若己身因制祿太薄，以致貪
污賄賂，廉恥道喪，甚或不能盡養生送死婚姻之事，豈足以爲人
師表。

> 以今之制祿，而欲士之無毀廉恥，蓋中人之所不能也。故
> 今官大者往往交賂遺營資產以負貪污之毀，官小者販鬻乞
> 丐無所不爲。夫士已嘗毀廉恥以負累於世矣，則其偷惰取
> 容之意起，而矜奮自強之心息，則職業安得而不弛，治道
> 何從而興乎？〈言事書〉

安石變法改革，極爲重視「法令制誥」，〈上時政疏〉云：「蓋
夫天下，至大器也。非大明法度，不足以維持。」解決之道在於
教師「饒之以財，約之以禮，裁之以法。」

㉗　王雲五《宋元教育思想・第三章、王安石的教學思想》。頁72。

第四節　教育改革

　　宋朝為中國教育史上大規模興學之最著者，以天下官學盛衰言，北宋又勝於南宋。有宋一朝三次大舉興辦學校，均在北宋時。第一次為仁宗慶曆四年（一○四四），第二次於神宗熙寧四年（一○七一）與元豐年間施行之，以安石新政為南針，第三次是徽宗崇寧元年（一一○二）；三次前後相距不過五十八年。

　　蓋神宗於一○六七年即位，熙寧二年（一○六九）起用安石「參知政事」，進行變法革新，至熙寧九年（一○七六）安石第二次罷相，其間八年，安石政治改革主張得以實現，復大力整頓學校教育，編寫統一教科書，改革教材教法。迨元豐年間（一○七八～一○八五）仍繼續執行變法措施。共計熙寧、元豐變法十六年間，安石對教育改革之實施，主要有五：一、改革學校制度，立「三舍法」；二、改革科舉制度；三、更定貢舉；四、頒訂《三經新義》；五、整頓地方學校，並設置專科學校。茲析論如下：

一、改革學校制度，立「三舍法」

　　國家欲求革新，卻苦於人才不足；人才不足，乃因陶冶人才不得其道；唯「教之、養之、取之、任之有其道而已。」〈言事書〉既如前述，取士應自學校培育人才。

　　　神宗熙寧二年，議更貢舉，罷詩賦明經諸科，以經義論策

　　　試進士。王安石以為古之取士，俱本於學，請興學校以復

古。㉘

彼時教學方法受科舉考試影響，致使「爲師，則有講而無應」，
教師僅知一味灌輸，無視學生學習能力，遑論師生互動，至於
「爲弟子，則有讀而無問……豈特無問，又將無思。」故自中央
至地方均應設置學校，嚴格選擇教師，教授禮、樂、刑、政等有
用之事，以養成天下國家可用之才。

教師須通經知今，明體達用，熟悉禮、樂、刑、政等實用知
識與能力。且通曉教學方法，不照本宣科、煩瑣講誦，所謂「傳
以心」，「受以意」，「爲師者不煩，而學者有得。」㉙

反之，所學內容苟非實用者，均宜揚棄之，蓋以教師僅能
「講說章句」，「教之以課試之文章」〈言事書〉，實枉費時間氣
力，迨學者實際參與政事，則「茫然不知其方」。熙寧四年二
月，上〈乞改科條制箚子〉曰：

> 伏以古之取士，皆本於學校，故道德一於上，而習俗成於
> 下，其人才皆足以有爲於世。自先王之澤竭，教養之法無
> 所本，士雖有美材而無學校師友以成就之，議者之所患也。
> 今欲追復古制，以革其弊，則患於無漸。宜先除去聲病對
> 偶之文，使學者得以專意經義，以俟朝廷興建學校，然後
> 講求三代所以教育選舉之法，施於天下，庶幾可復古矣。

宋朝中央官學以太學爲主。仁宗慶曆年間興學，太學生員置內舍
生二百人。神宗熙寧初，復增百人。嗣又規定以九百人爲限。太
學生入學資格爲「以八品以下子弟，若庶人之俊異者入焉。」㉚

㉘　《文獻通考‧卷三十二》。
㉙　《四書訓議‧卷三十八》。
㉚　《宋史‧卷一五七‧選舉志三》，台北：鼎文書局。頁3657。

自神宗熙寧四年（一〇七一）冬十月，創立三舍法以整頓並改革太學，將太學分爲外舍、內舍、上舍，其編制包括「生員」與「直講」。生員即學生，依程度分別進入三舍受業。外舍生七百人，成績優者升內舍；內舍生二百人，成績優者升上舍；上舍生一百人，學行卓異者，主判直講復薦之中書，得免鄉試省試，逕奏除官。

　　太學規模與管理漸趨完備細密，對三舍生員之選、察、升、補愈見制度化之時，亦整頓太學教師。其教學制度爲：太學設主判官，並增置直講十員，每二員共講一經，令中書遴選，或主判官奏舉，對「教導有方」之學官，予以提升；至若「職事不修」者，即予以貶黜。

　　學官負責成績之考核，係依學生「行藝進退」人數多少加以評定。至元豐二年（一〇七九）頒布太學〈學令〉，共一百四十條，對升舍考試制度益加完備。「外舍生二千人，內舍生三百人，上舍生百人。月一私試，歲一公試，補內舍生；間歲一舍試，補上舍生，彌封、謄錄如貢舉法；而上舍試則學官不預考校。公試，外舍生入第一、第二等，升內舍；內舍生試入優、平二等，升上舍：皆參考所書行藝迺升。」[31]「行」謂率教不戾規矩，「藝」指治經程文也。[32]

　　至若三舍法中，學生之升補爲：學生始入太學時，是爲外舍生。初入學之外舍生，熙寧時不限名額，元豐時以二千人爲限；外舍生一年經考驗合格可升爲內舍生，名額爲二百人（元豐時三

---

[31]　《宋史·卷一五七·選舉志三》，台北：鼎文書局。頁3660。
[32]　《宋史·卷一五七·選舉志三》，台北：鼎文書局。頁3657。

百人）；內舍生復經考核後，可轉升為上舍生，名額僅百人。生員升舍均須經由考試。外舍生每月考試一次，年終一次總考，若成績合格，平時未違背學規，即可升入內舍；內舍生之考試成績達至「優」、「平」，復參以日常「行、藝」，升入上舍，以此遞升舍次。上舍生考試分上、中、下三等，「入上舍而中上等者，得不經禮部試，特命以官。」㉝，名列上等者，即不再經科舉考試而直接授以官職，中等生可參加殿試，下等生可參加省試，所讀者以經為主，考試方式至為嚴密。是故提高太學之地位與功能；學校不僅擔負養士之責，且具取士之能。

以上所述，乃攝取熙寧四年諸規定，及元豐二年所頒學令而言。是故太學三舍法係以安石為首之變法革新派執政時之重大創舉，對後代教育制度、取士、考試等制度，影響深遠。其特點有四：

㈠太學生入學後，採逐級淘汰方式，以選取行藝優良之才；

㈡太學生考試有一定制度，諸如上舍試時，太學學官「不預考校」，以杜絕從中徇私舞弊；

㈢上舍生可兼任太學之學正、學錄、學諭，使在學期間即有實習管教之經驗；

㈣「入上舍而中上等者，得不經禮部試，特命以官。」㉞自太學生三舍法施行後，非僅太學生人數激增，學校教育亦為之大振，且依此法代替部分科舉取士。

在學校制度上，安石改革太學，創立「三舍法」，使科舉與

㉝　監察御史郭知章語，見《宋史·選舉志三》。
㉞　監察御史郭知章語，見《宋史·選舉志三》。

太學學習併於一途，將養士與取士之責歸於學校，使升學制度與考試制度正常化，糾正以往重科舉、輕學校之偏失，解決科舉考試與學校教育之扞格，此一改革誠爲中外教育史上改革考試領導教學之創舉。

元祐年間，盡罷新法，獨三舍法施行如故，直至宋室南渡後不廢，足徵安石此法，洵救弊起廢之一良法也。㉟

二、改革科舉制度

科舉係按科目考試選拔人才。科舉制度肇端於隋，奠基於唐，完善於宋。自隋唐以後，實行科舉考試，由政府設立若干科目，定期舉行統一考試。科舉考試之內容主要爲「五經」、「四書」等儒家經典，考試錄取後分派官職。質是之故，科舉考試領導學校教育；學校教育逐漸淪爲科舉考試之附庸。

宋代科舉制度之特點在於取士不問家世，嚴防考官營私或考生作弊，全憑經義、詩賦、策論取士，個人知識才能取代門第血統，打破階級取士，代之以更廣泛選拔人才，對宋代社會與素質提高，具推波助瀾之效。唯科舉考試之科目包括「墨義」「帖經」等。「墨義」係關於經義之問答，範圍限於儒家經典，考生須熟讀經書，方能依經書原文語句應答之。「帖經」係自規定之儒家經典中，選定一書之某頁，掩蓋其兩邊，僅露中間一行，且於此行中，復遮貼若干字，考生須默寫出被遮蓋之字。此種考試方式，考生若不將經書原文背誦滾瓜爛熟，倒背如流，實無法應答。尤有甚者，某些主考官意圖選擇孤章絕句，或疑似參半之文

㉟　張先覺《王安石之教育思想》，文史哲出版社（民71）。頁92-93。

句以刁難考生，是故應試諸生莫不視「帖經」爲一場災難。

此一考試制度僅能使知識分子死背儒家經書教條，學非所用，畢生死守儒家經書，不務實學，致使知識狹窄，識見貧乏。是故唐代科舉考試實行未久，即有人指出：「太宗皇帝眞長策，賺得英雄盡白讀。」揭露統治者利用科舉考試誘使知識分子，「死守章句」「皓首窮經」以終其一生之政治目的，且科舉考試導致學非所用之惡劣學風。「明經讀書，勤勞已甚，其口問義，又誦疏文，徒竭其精華，習不急之業。……所謂所習非所用，所用非所習者也。」㊱然興建學校與強化教育制度，非一時可竟其功，故權宜辦法即爲改變科舉考試。宋初，禮部貢舉科目雖多，然以進士一科最爲人所重視，士子亦趨之若鶩，人才多出於此科。

《宋史・范仲淹傳》載：仁宗採范仲淹對科舉之建議。㊲然希文旣去，便又詔「一切如故」㊳，亦即仍以詩賦、墨義爲主試科目。迨安石出，受范仲淹影響實現改革，㊴其〈言事書〉曰：

> 方今取士，強記博誦而略通於文辭謂之茂才異等賢良方正；
> 茂才異等賢良方正者，公卿之選也。記不必強，誦不必博，
> 略通於文辭而又嘗學詩賦，則謂之進士；進士之高者，亦

㊱ 杜佑《通典・選舉五》記趙匡〈舉選議〉一文。北京：中華書局（1992 年 6 月）。頁 419 及 437、註 76；周德昌《中國古代教育思想的批判繼承・第一章、中國古代唯心主義教學思想的發展和批判（五）皓首窮經，死守章句》，北京：教育科學出版社（1982 年）。頁 42。

㊲ 《宋史・卷三一四》。

㊳ 《宋史・卷一五五・選舉志一》，台北：鼎文書局。頁 3613-3614。

㊴ 羅根澤《中國文學批評史・第六編・第五章・王安石及其他經術派的政教文學說》，學海出版社（民 79 年）。頁 682。

公卿之選也。夫此二科所得之技能，不足以為公卿，不待
論而後可知，而世之議者乃以為吾常以此取天下之士，而
才之可以為公卿者常出於此，不必法古之取人而後得士也，
其亦蔽於理矣。

又云：

其次九經、五經、學究、明法之科，朝廷固已嘗患其無用
於世，而稍責之以大義矣；然大義之所得，未有賢於故也。
今朝廷又開明經之選，以進經術之士。然明經之所取，亦
經誦而略通於文辭者，則得之矣；彼通先王之意而可以施
於天下國家之用者，顧未必得與於此選也。

公卿之選，既不得其人，使不肖者在位，類聚於政府者，俱將是
一般不肖之徒，政治遂無清明之日。故對於考試時詩賦及問大義
之辦法，予以懷疑。〈取材〉一篇痛斥策進士者「但以章句聲
病，苟尚文辭」；策經學者，「徒以記誦為能，不責大義」，致
使屬文者「涉獵誣艷，不關政事」；守經者「傳寫誦習，不關義
理」。故安石任試官時，曾詳定試卷，作〈試院中詩〉云：

少年操筆坐中庭，子墨文章頗自輕；聖世選才終用賦，白
頭來此試諸生。《王安石詩集‧卷三十》

又作〈詳定試卷二首〉，第二首曰：

童子常誇作賦工，暮年羞悔有揚雄。當時賜帛倡優等，今
日論才將相中。細甚客卿因筆墨，卑於《爾雅》注魚蟲。
漢家故事真當改，新詠知君勝弱翁。《王安石詩集‧卷十八》

讀〈言事書〉知安石鄙薄明經，由上列二詩則知安石鄙薄詩賦。
前者蓋惡其不能明經，故無法開發經術；後者惡其僅能記誦文
辭。〈答姚闢書〉明確告以：「離章絕句，解名釋數。」《文集‧

卷三十一》非聖人之術，僅「守經而不苟世」而已，無大用也。「聖人之術，修其身，治天下國家，在於安危治亂，不在章句名數焉。」

又詩賦爲中國傳統文學之重要部分，具應用、娛樂、擄發感情、有助提高多種文體寫作技巧等功能，唯安石當國，〈乞改科條制箚子〉曰：「先除去聲病對偶之文，使學者得以專意經義。」復云：「所對明經科欲行廢罷，並諸科元額內解明經人數，添解進士，及更俟一次科場，不許新應諸科人投下文字，漸令改習進士。」神宗遂據以下詔云：

> 四方執經藝者專於誦數，趨鄉舉者狃於文辭，與古所謂「三物賓興，九年大成」，亦已盭矣。⑭

由是神宗熙寧三年（一〇七〇），殿試進士，罷詩賦、帖經、墨義，改試經義，然有文勝而違經旨者，安石遂與其子王雱、門人陸佃等，作詩、書、周禮三經新義。熙寧八年（一〇七五），奏准頒試，以爲通經致用。

迨元豐八年（一〇八五）三月，神宗逝世，哲宗繼位，反變法派改變文教政策，復詩賦、帖經、墨義三題，士人普遍厭惡經學而喜愛詩賦。

> 天下學者寅夜竟習詩賦舉業，……專習經義，士以為恥。

元祐四年（一〇八九），太學生習詩賦課程者十分之七，而四川士人習詩賦者十分之九。全國各地習詩賦者多，預備「經義進士」試者少。⑪且學習詩賦者與時推移，愈見眾多。元祐八年

---

⑭ 《宋史·卷一五五·選舉志一》，台北：鼎文書局。頁3616。
⑪ 蘇軾《東坡七集·奏議·卷六·乞詩賦經義各以分數取人將來只許詩賦兼經義狀》。

（一〇九三），太學生二千一百餘人中，不學詩賦者僅八十二人。㊷紹聖（一〇九四）以後，又遵熙寧試策之制。

三、更定貢舉

安石提倡學校教育，〈言事書〉主張以學校養士育才，使成國家行政之新血，並反對貢舉制度。然學校教育不可一日而興，國家卻不可一日不取士，故貢舉不得即日而廢。緣乎此，其教改遂從貢舉之科目與甄拔人才之方法入手；興修學校為本，更定貢舉為末。「使學者得以專意經義，以俟朝廷興建學校。」〈乞改科條制劄子〉安石於此之所謂「俟」者，誠非虛語也。徵諸其對神宗諫曰：

> 今人材乏少，且其學術不一，異論紛然，不能一道德故也。
> 欲一道德，則當修學校。欲修學校，則貢舉法不可不變……
> 今以少壯之士，正當講求天下正理，乃閉門學作詩賦，及
> 其入官，世事皆所未習，此科法敗壞人才，致不如古。㊸

是知改革貢舉制度，罷詩賦而試經義，原為安石一時權宜之制，待各級學校逐次興建，漸追「以學校取士、養士」之古制，而浸廢科舉取士耳。

熙寧二年（一〇六九），建議更改貢舉法。蓋以學子年富力盛，不講求天下正理，唯閉門學作詩賦，洎乎為官，對人情世故

㊷　馬端臨《文獻通考·卷三一·選舉考四》。袁征《宋代教育：中國古代教育的歷史性轉折·第一章、學校和書院的主要課程及教材·第二節、北宋後期朝廷權位新正統理論的努力》，廣東：高等教育出版社（1991 年）。頁 26-36。

㊸　《宋史紀事本末·卷三十八》。

一概不知，猶須花費心思從頭學起，敗壞人才莫此爲甚！故其反對講求聲病對偶文章之學，主張罷詩賦帖經墨義，而試經義，以經義、策論取士。神宗遂於是年四月戊午詔曰：

> 執經義者專誦數，趨鄉試者狃文辭，群臣詳議，別爲新規。
> ㊹

群臣準詔共議，如：翰林學士韓維、集賢學士蘇頌、程顥等亦多欲變改舊法。㊺獨蘇軾上言持異議，以爲因循舊制，任其自然，維持現狀，無事紛擾，故不必改。㊻梁啓超斥東坡爲「莠言亂政」，曰：

> 能悉廢科舉而代以學校，善之善矣。而當學校未成，而國家又不可以一日不取士也，則科舉固不能驟廢矣。既不能驟廢，則與其試詩賦，又不如試經義，彼善於此，又至易見者也。乃東坡之言，一則曰三代聖人復生於今，其選舉亦不由學；再則曰詩賦雖無用，然設法取士不過如此；三則曰詩賦何負於天下？而又痛詆興學之政，爲徒爲紛紛勞民傷財。此真所謂莠言亂政，宜荊公斥彼輩爲流俗也。㊼

至若貢舉新制之內容，僅舉一端爲例：安石針對科舉考試之舊弊，於熙寧四年（一○七一）擬就新法，規定廢除明經科，增加進士科。進士科考試廢除詩賦、帖經、墨義，改定貢舉新制，而試之以「本經」、「兼經」及策論。本經以任選《詩》、《書》、《易》、《周禮》、《禮記》中之一種；兼經以《論

㊹　南宋王應麟《玉海·卷一一六》。
㊺　《玉海·卷一一六》。
㊻　《宋史·卷一五五·選舉志一》，台北：鼎文書局。頁 3616-3617。
㊼　《王荊公》。頁 118。

語》、《孟子》二者，僅需通曉經文主旨大意即可。終神宗之
世，相沿未改。明張溥評曰：

> 安石之言，一人之私也。安石欲學者之從己，則懸科第以
> 餌之，欲科第之盡出其學，則倡一道德，同風俗之說以籠
> 之，變聲律為議論，變墨義為大義……而究之：所謂議論，
> 皆王氏之新法，非祖宗之成憲也；所謂大義，皆王氏之新
> 經，非孔孟之遺訓也……科舉之更，三舍之設，飛語之罰，
> 升舍之獄，無非崇私學，樹黨羽，名一道德，而道德先喪，
> 名同風俗，而風俗益紛。[48]

試觀自詩賦取士以來，學者涸敝聰明，及其中選，施於有政，無
所用之，其弊從來久矣，然莫能革也。自安石執政，更立法度，
罷黜聲律，而修明庠序之教，由是人務經術，而識義理者多矣。
當其興學校，變貢舉，罷詩賦，問大義，乃三代以下一大創舉，
[49]其興學校是本，變貢舉為末，此吾人不可不察安石之本旨也。

四、統一編寫教科書：頒定《三經新義》及《字說》

　　熙寧四年（一〇七一）二月，神宗朝開始教育改革，革新科
舉，取消安石以為無用之詩賦教學。官學始設經術與論策課程，
教育「以經義為主而兼習論策」。[50]且經學教材亦有更動。學生
自《詩》、《書》、《易》、《禮記》、《周禮》中選習一經，
兼習《論語》、《孟子》。安石以為《春秋》為經典中最為費解
者，甚且解釋《春秋》之三傳，「既不足信」，故自學校教材中

---

[48]　《宋史紀事本末・卷三八》。
[49]　張先覺《王安石之教育思想》。頁107。
[50]　李燾《續資治通鑑長編・卷二二〇・熙寧四年二月丁巳》。

剔除(51)，《周禮》則以「周公遺法」，故親自注解，謂之《周官新義》，《孟子》因安石「常自比於孟子」，故學術地位亦明顯提高。(52)

熙寧四年（一〇七一），安石以宰相身分任「提舉詳定國子監修撰經義」，主持編著《三經新義》。三經者，蓋指《周禮》、《詩》、《尚書》三經，其中《周禮義》二十二卷由安石手著，《詩義》二十卷與《書義》十三卷，則由其子王雱、妹夫沈季長、學生陸佃，與改革派之重要人物呂惠卿、呂升卿兄弟等人執筆。三書署名均爲王安石。熙寧五年（一〇七二）正月，注解雖未完成，即已開始用於學校教學。熙寧八年（一〇七五）七月，《三經新義》完成，奏請頒試，經神宗批准，鏤版頒行，正式由朝廷頒於學官，爲太學及諸州府學之教科書，亦爲科舉考試之內容與標準，自是五十年間，爲學校唯一之課本與考試用書。《三經新義》之作，目的在於通經致用，以求經書施於世用。(53)安石《周禮義・序》云：

> 其人足以任官，其官足以行法，莫盛乎成周之時。其法可施於後世，其文有見於載籍，莫具乎周官之書。
>
> 自周之衰，……太平之遺跡，掃蕩幾盡。學者所見，無復全經。《文集・卷二十五》

安石遂「欲訓而發之」，然「以訓而發之之爲難，則又以知夫立政造事，追而復之之爲難。」簡言之，《周官》書之所以要加訓發，即因其可施於後世，而訓發之結果，頗凜然於追而復之之爲

---

(51) 《王文公文集・卷二十八・答韓求仁書》。

(52) 佚名《靖康要錄・卷十・靖康元年八月七日》。

(53) 《宋史・卷一五五・選舉志一》；《宋史・卷一五六・選舉志二》。

難，故其「高山仰止」之情，躍然紙上。又如《書義‧序》曰：

> 惟虞夏商周之遺文，更秦而幾亡，遭漢而僅存。賴學士大
> 夫誦說，以故不泯，而世主莫或知其可用。天縱皇帝大知，
> 實始操之以驗物，考之以決事，又命訓其義兼明天下後世。
> 《文集‧卷二十五》

是知非特神宗皇帝曾操書以驗物，考之以決義，還欲藉訓發而兼
明天下後世，以使知其可用。《詩義‧序》則謂：

> 詩上通乎道德，下止乎禮義，放其言之文，君子以興焉；
> 循其道之序，聖人以成焉。然以孔子之門人，賜也商也，
> 有得於一言，則孔子悅而進之，蓋其說之難明如此。《文
> 集‧卷二十五》

皇帝遂「命承學之臣，訓釋厥遺，樂與天下共之。」由此可見安
石作《三經新義》，目的斷不在訓詁章句，而欲明經學於天下，
資其言以施於世。《三經新義》既上，是年六月，以之頒於學
宮。一時學者無不傳習，有司純用以取士，因而益為反對黨所嫉
妒、攻擊。[54]《三經新義》於當時與後世學者毀譽不一[55]，唯早
已亡佚，今僅見於《永樂大典》重輯本，因修《四庫全書》時輯
存，其內容如何？若依安石〈虔州學記〉所言：

> 今之守吏，實古之諸侯，其異於古者，不在乎施設之不專，
> 而在乎所受於朝廷，未有先王之法度；不在乎無所於教，
> 而在乎所以教未有以成士大夫仁義之材。《文集‧卷二十六》

雖原書未睹，是非難評。然今人程元敏著《三經新義輯考彙評》

---

[54]　陳東原《中國教育史》。頁254。

[55]　王明蓀《王安石‧第八章‧荊公新學的歷史評價》。頁183-194。

廣為蒐羅，用力甚多，所得評價為：穿鑿附會、道術不正；陋學、壞風俗；無誠意修身、僅知講求法度；誤用《周禮》、壞國勢。(56)譽之者則以今存安石自撰之《周官新義》輯本觀之，盡脫前人窠臼，自求經之本義；其精要發明處亦頗多，實為我國經學闢一新徑。或謂安石此一不泥於注疏，專講義理之學風，開啓南宋朱熹《四書集注》之先河，自漢至今，治經學者，於此尚未有能過之者也。(57)

至若陸九淵作〈荆國王文公祠堂記〉(58)、蔡上翔作《王荆公年譜考略》均推崇安石之人品與改革。梁啓超對世之欲誣安石者，析論之曰：

> 考荊公當時，亦並非於《新義》之外，悉禁異說，不過大學以此為教耳。夫既設學校，則必有教者，教者必有其所主張之說。學校既為一國學術所從出，則此說遂若占特別勢力於社會，此亦事勢所必至，無可逃避者。……然則是亦不足深為荊公罪矣。蓋使荊公而禁異說，則為戕賊思想之自由。然公固未嘗禁之，不過提倡己之所主張而已。(59)

近人錢基博論點亦與任公同。為臻統一思想之目的，公立學校教學、考試均以安石觀點為準，考生若續使用唐代學說，概皆不予錄取；「諸生一切以王氏經為師」。中國傳統文化因科舉考試領導全國文教思想，經由中央與州縣各級學校，在宋朝達到統一全

(56) 參看程元敏著《三經新義輯考彙評㈠尚書》，頁 231-234。《三經新義輯考彙評㈡詩經》，頁 313-314。《三經新義輯考彙評（三）周禮下》，頁 619-640。
(57) 帥鴻勳《王安石新法研述》。頁 260。
(58) 《陸九淵集・卷十九》。
(59) 梁啓超《王荊公・第十二章・荊公之教育》。頁 114。

國思想之「一道德」目的。(60)

安石晚年退居金陵又著《字說》以為學生之必讀教材。蓋文字為一道德之基礎，故欲統一道德，必先正確理解經義；欲正確理解經義，必自學習統一文字始，故極為重視文字之考據與學習。《宋元學案・荆公新學略》載：「初，先生提舉修撰經義，訓釋《詩》、《書》、《周官》，既成，頒之學官，天下號曰《新義》。晚歲為《字說》二十四卷，學者爭傳習之。且以經試於有司，必崇其說，少異輒不中程。」是知《三經新義》與《字說》既為統一之教科書，且為科舉考試之必讀內容與標準本。

五、整頓地方學校，設置專科學校

中國教育制度自唐朝以來，業已逐漸完備。宋朝制度泰半模倣唐朝，地方學校雖不如唐朝記載詳細，而中央學校則更為發達，計有國子學及太學、辟雍及廣文館，皆屬大學性質。又律學、算學、書學、畫學、醫學及武學，均屬專科學校性質。至若地方學校，則州有州學，府有府學，軍有軍學，監有監學，縣有縣學。中央之國子學、太學、廣文館、武學、律學及小學，統歸國子監管轄，謂之直系學校。地方學校則由各級所設立之地方行政長官管轄。(61)

安石素來重視地方教育，知鄞縣時，即作〈慈溪縣學記〉對該縣興辦教育極為讚賞；江寧居喪期間，又作〈虔州學記〉記述

---

(60) 李燾《續資治通鑑長編・卷三三七・熙寧五年八月戊戌注》、又《卷二七六・熙寧九年六月己酉》。

(61) 陳東原《中國教育史・第四編、半封建時代中期的教育・第二十三章、宋代教育制度及其實況・第一節、概論》。頁 213。

蔡侯、元侯二人「改築」虔州州學之功績,稱彼二人「皆天下所謂才吏」。

神宗時,安石入參大政,對州縣地方教育亦採一系列整頓措施,「自京師至郡縣皆有學……始命諸州置學官」[62],整修京師大學,並及於諸路州縣,以至於其子弟,均各賜田給錢,立學置官,以教導之。熙寧、元豐時期(一〇六八~一〇八五),神宗、安石革新教育,力圖經由學校統一士人思想,「道德一於上而習俗成於下」〈乞改科條制劄子〉,以配合朝廷改革,其整頓地方學校,步驟有三:

㈠自中央分派專職學官、州學教授

熙寧四年(一〇七一)二月,安石提議朝廷中央向北方地區,即京東、京西、陝西、河東、河北五路,興建並擴充學校,且於五路州府派專職學官,神宗批准此建議,遂命翰林學士、知制誥、御史台官員,推薦之。[63]

三月、朝廷任命陸佃等官員為京東等五路州學教授。[64]

此一由中央任命至各地之教授,既為州學教師,亦為州學領導,除可加強對各地教育之管理,且彼等教師幾年輪換一次,有利於不同地區之文化交流與融合。[65]既規定各地學官一律由朝廷委派,學校事務由學官全權負責,其他地方官員不得干預。又規定學校教師選拔、任用與監督之方法,以確保國家教育事業能為

[62] 《宋史·卷一五七·選舉志三》。頁3660。

[63] 王安石〈乞改科條制劄子〉;《宋會要稿·選舉·三之四三至四四·職官·二八之七》。

[64] 李燾《續資治通鑑長編·卷二二一·熙寧四年三月庚寅》。

[65] 袁征《宋代教育:中國古代教育的歷史性轉折·第三章、教職員的選任·第二節》。頁196。

變法培育人才。

㈡各州撥給學校學田十頃，以為學校祭祀與師生俸廩之用。

㈢充實地方學校師資。

熙寧六年（一〇七三），朝廷命中書至各路物色人選，並選擇學行可為人師表之州官，以兼任教授。(66)

至若設置專科學校，安石先後成立武學、律學與醫學。

㈠宋代武學創始於仁宗慶曆二年（一〇四二），後即廢黜。至神宗熙寧五年（一〇七二）為解決當時「邊疆宿衛」，並反對「文武異事」、「學士以執兵為恥」，遂重建武學於武成王廟，教授武藝與兵法之專門學校，以兵部郎中掌管學務，由文武官員中之知兵者為教授，生徒以百人為額，入學資格有小臣、門蔭子弟及庶民。入學以後，教以諸家兵法、弓矢騎射等術；又講解歷代用兵成敗，及前世忠義節烈之事蹟，足供訓勉者。有願試陣隊者，酌給兵伍，令其演習。修業期限為三年，期滿試驗及格者，酌給官職；未及格者留學一年再試。(67)

㈡律學始設於神宗熙寧六年（一〇七三）三月，在此之前，不過設博士教授法律，自此始正式設立學校，隸屬於國子監，置教授四人專任教課，分斷案與律令兩科。迨後乃以教授一人兼管學務，執行校規。

〈言事書〉曰：「約之以禮，裁之以法。」使民「不循禮則待之以流、殺之以法，不如是不足以一天下之俗而成吾治。」律學教授講授古今刑書，及朝廷新頒條令，以培養明律令、善斷案

(66)　《續資治通鑑長編・卷二四三》。

(67)　《玉海・卷一一二》，並參看《宋史・張璪傳》、《宋史・卷一五七・選舉志三》，台北：鼎文書局。頁3679。

之實用人才，以「變風俗，立法度。」入學資格有二種：一爲朝廷命官，一爲舉人。舉人須有命官二人作保。進學手續爲：初入學聽講，類旁聽生或預科生，乃備取生，經相當時期，方得舉行入學試驗。如所習爲斷案，則試案一道，每道敘列刑名五事至七事；所習爲律令，則試大義五道。試卷及格，始得爲正取生，以公費待遇。取正以後，各以所習每月公試一次，私試三次，所試內容與入學試驗同。凡朝廷有新頒條令，即由刑部頒發，令學生學習。(68)

㈢醫學，爲專科教育中設置較早者，蓋宋太祖統一天下後即設立，初屬太常寺，神宗熙寧九年（一〇七六）五月，置提舉判局，始不隸太常。立方脈科、鍼科、瘍科三科以教諸生。方脈科教材以《素問》、《難經》、《脈經》爲大經；以《巢氏病源》、《龍樹論》、《千金翼方》爲小經。鍼、瘍二科教材，除《脈經》，另增三部鍼灸經。

學生名額前後不一，常以春日爲招生之期。畢業考試分三場。第一場爲普通試驗，第二場方脈科試脈證，運氣大義各二道；鍼、瘍二科試小經、大經三道，運氣、大義二道，第三場按照各科性質，分別假令治病法三道。

考察升補略如諸學之法，及格以後，高等派爲高尙藥局醫師以下職，其餘或派爲本學博士正錄，或委爲外州醫學教授。(69)

安石先後成立武學、律學、醫學三所專科學校，使學生專攻一種，分科研究，心不旁騖，俾得培養專門人才。此一設立專門

---

(68) 《宋史・卷一五七・選舉志三》，台北：鼎文書局。頁 3673-3676。
(69) 《文獻通考・卷四十二》。

學校，培養專門人才之教育思想，爲以後歷代專科教育之發展，奠定良好基礎。且專科學校之設立，是爲造就變法所需之專門人才，故其教育改革爲實現變法之一重要部分。

第五節　結　語

安石早年長期任職地方，有機會觀察並瞭解社會基層之需要，復與當時著名學者李覯、劉敞交往，學術思想受此二人影響。其後，居憂金陵期間，得以研究學術，招徒授業。繼而熙、豐年間，爲領導變法改革、尋覓理論依據，提舉經義局，興學校、改科舉制度，欲成就一開明合理、教育普及之社會。又《三經新義》頒之學官，晚年並完成《字說》二十四卷，使文字「同道德之歸，一名分之守。」(70)其對時代之意義與今日教改之啓發分別結論如下：

一、突破傳注經學，開啓道德性命之學

「通經致用」爲漢代經學教育之重要準則，自唐至北宋諸學者仍以章句訓詁之路數治經。是故陸游嘗云：「唐以國初，學者不敢議孔安國、鄭康成，況聖人乎？」(71)然「自慶曆後，諸儒發明經旨，非前人所及。然排《繫辭》，毀《周禮》，疑《孟子》，譏《書》之胤征、顧命，黜《詩》之序，不難於議經，況傳注乎！」(72)

---

(70)　《文集・卷八・進字說表》。
(71)　王應麟《困學紀聞・卷八》。
(72)　王應麟《困學紀聞・卷八》。

　　《三經新義》問世後，時人評論曰：「介甫不憑注疏，欲修聖人之經；不憑今之法令，欲新天下之法，……後之君子必不安於注疏之學，必不局於泛令之文。」[73]清人全祖望亦評曰：「荊公生平，用功此書最深，所自負以爲致君堯舜者，具出於此，是固熙豐新法之淵源也。」[74]安石亦嘗承認，其對經籍「有所去取」乃因時移事異，當根據時代需要，對經書提出切合時宜之新解，故「天變不足畏，祖宗不足法，人言不足恤。」對漢唐以降之儒家經典予以分析、批判，並「自信所見，執意不回。」「論辯輒數百言，衆皆不能詘。」[75]此種勇於突破漢唐傳注經學之氣概與膽略，使北宋學風爲之丕變。在此之前，「士習卑陋，不知道德性命之理。」[76]然「自王氏之學興，士大夫非道德性命不談。」[77]不僅爲安石學術、教育政策之特點，且對當時學術之貢獻，誠如蔡卞所言：

　　　　自先王澤竭，國異家殊。由漢迄唐，源流浸深。宋興，文物盛矣，然不知道德性命之理。安石奮乎百世之下，追堯舜三代，通乎晝夜陰陽所不能測而入於神。初著《雜說》數萬言，世謂其言與孟軻相上下。於是天下之士，始原道德之意，窺性命之端。[78]

蔡卞與安石爲師生兼翁婿之關係，說明安石爲開啓宋代「道德性命」學術之先河。清蔡上翔《王荊公年譜考略》亦謂：

---

[73]　《宋元學案・荊公新學略》。
[74]　《宋元學案・荊公新學略》。
[75]　《宋元學案・荊公新學略》。
[76]　晁公武《郡齋讀書志・卷四》。
[77]　趙秉文《滏水文集・卷一・性道教說》。
[78]　晁公武《郡齋讀書志・後志二》。

自諸儒講學，專於道德性命，而學術為之一變。惟公云先
王所謂道德者，性命之理而已。其度數在乎俎豆鐘鼓管絃
之間而常患乎難知。又曰先王之道德出於性命之理，而性
命之理出於人心，詩書能循而達之，非能奪其所有而予之
以其所無，方與論語子所雅言博學於文，約之以禮之旨相
合，即魯直所謂相與講明學問之本，近之矣。

「道德性命」此一前所未有之新命題與思想，佐以安石之倡導、
培養、選拔，迅即形成時代思潮，甚或影響政治波濤。雖歷史對
安石學術價值與意義毀譽不一，然即令安石政敵蘇軾在當時亦不
得不謂安石：「名高一時，學貫千載。……少學孔孟，晚師瞿
聃。網羅六藝之遺文，斷以己意；糠秕百家之陳迹，作新斯
人。」[79]宋室南遷後，《三經新義》雖已廢棄，然朱熹仍以「王
氏新經盡有好處，蓋其極平生心力，豈無見得著處？」[80]今人侯
外廬指稱：「道德性命之學，為宋道學家所侈談者，在王安石學
術思想裏，開別樹一幟的先河。」[81]安石於學術發展史上之意義
與影響，侯氏所論述者可謂符合史實。

二、激勵康、梁維新運動

安石教改激勵後世無數改革者，其中影響最大者當數晚清康
有為、梁啟超之維新運動。康梁於「戊戌變法」中實施一系列文
化教育改革，其中諸多改革受安石啟示。

---

[79]　轉引自苗春德《宋代教育·第五·學術編·宋代的學派》，河南大學出版
　　　社（1999 年）。頁 218-219。
[80]　《朱子語類·卷十三》。
[81]　《中國思想通史·第四卷上·第九章》。

蓋康梁以爲中國貧弱之因在於教育落後，學術不良，故主張設學堂以培育人才，立報館以宣傳變法，建學會以組織力量，譯西書以介紹西學，廢八股以改革科舉，其教改著重傳播新思想，促使知識分子率先覺醒，帶動思潮，以喚起人民，傳播新式教育理論、制度與方法。

康有爲以爲，國家強弱取決於人才多寡與教育得失，故教育可改造社會，其謂：「才智之民多則國強，才智之士少則國弱。」(82)故要求仿照日本與西方國家以改革中國之文化教育；變科舉、廢八股爲立國育才之大事，青年當走出唯事八股、僅讀《四書》之囹圄，移轉精力至學習科學知識，研究政治理論，爲國培育經世致用之才。故康氏積極提倡興學校、育人才、譯西書、倡平等、爭女權。而梁啓超亦極爲重視教育，認爲國家之強弱繫乎教育之興衰，興學育才乃變法根本。曰：「今日中國之大患，苦於人才之不足，而人才不足由學校不興也。」(83)梁氏以爲變法圖強必先興學校以開發民智。培養有文化、知時務之「新民」至關重要，故主張廢八股、變科舉；批判八股取士之弊病，「爲中國錮蔽文明之一大根源，行之千年，使學者墜聰塞明，不識古今，不知五州。」(84)導致學非所用，用非所學。所選取者，「內政外交，治兵理財，無一能舉者。」(85)即令官至公卿等位，「多有不識漢唐爲何朝，貞觀爲何號者？至於中國之輿地不知，外國之名形不識，更不足責也。」且尤有甚焉者，科舉之害造成

---

(82) 《日本政變記・卷五》。
(83) 《戊戌變法》第二冊〈上陳寶箴書論湖南應辦之事〉。
(84) 《戊戌變法》第一冊。
(85) 《戊戌變法》第二冊〈公車上書請變通科舉折〉。

官不能治國，農不會種田，工不知生產，兵不能御敵，婦女無以
理家。梁氏遂憤慨曰：「八股代言之制，而等於倡優。」苟墨守
舊法，不思改革科舉，則國將不保。

康有為自道其變法，「推宋王安石之以經義試士也，蓋鑒於
詩賦空浮寡實，帖括之迂腐無用，……意美法良。」[86]梁啓超自
年少時期即佩服安石，欲為安石作傳。嘗云：「自余初知學，即
服膺王荆公，欲為作傳也有年，牽於他業，未克就。」[87]然後奮
筆寫成《王荆公》專著，對安石變法諸多探究與說明，其〈第一
章・敍論〉即推崇備至，曰：

> 以余所見宋太傅荆國王公安石，其德量汪然若千頃之陂，
> 其氣節岳然若萬仞之壁，其學術集九流之粹，其文章取八
> 代之衰，其所設施之事功，適應於時代之要求而救其弊，
> 其良法美意，往往傳諸今日，莫之能廢，……若乃於三代
> 下求完人，惟公庶足以當之矣。《王荆公》

任公又於書中對安石教育思想及其改革，以專章闡述之，為研究
安石教改思想之首倡者。王安石教育觀對康、梁之影響至鉅。

三、開啓近代實用主義教育哲學之先河

實用主義為典型之美國教育哲學，其發展為近一百年之事。
美國思想家自生物學理論及社會達爾文主義（Social Darwinism）探討「流變」（change）之概念。以為：

> 實用主義之態度是從「過去的事件」（first things）、「原

---

[86]　《戊戌變法》第二冊〈請廢八股試帖楷法試士改用策論札〉。

[87]　梁啓超《王荆公》。

則」（principles）、「範疇」（categories）以及「必然性」
（supposed necessities）中走出，取而代之的是「現在的事
件」（last things）、「成果」（fruits）、「結果」（conse-
quences）與「事實」（facts）。⑱

在時光飛逝中，吾人經驗會改變，故實用主義之形上學以爲：沒
有任何絕對的、先驗的原理，或是不變的自然律則。實體不是一
個絕對的「事物」，其爲一不斷歷經交互作用變遷之經驗。實用
主義之教育哲學主張：課程應以學生所面臨之問題與經驗爲基
礎，設計較爲自然之單元。而學校功能正是要教育年輕的一代以
較健康之方式處理社會變遷。是故學校教育之目的，不是要學生
記憶系統知識內容，而應代之以學習「如何學」，使學生能在現
今與未來不斷變遷之世界中適應。

實用主義影響教育最大者，首推杜威⑲，其觀念影響二十世
紀教育理論與實務甚鉅，亦影響近代中國教育。無論學校或社會
參與決策時，均須以社會成果作爲評估標準，而不必訴諸傳統權
威。只要社會、經濟、政治變遷有助於社會更美好，即符合
「善」之標準；杜威此一觀念影響二十世紀之教育理論與實務甚
鉅。⑳

---

⑱　William James, *Pragmatism* (New York: Longmans, Green and Co. 1907), pp. 54-55.

⑲　參看 John Dewey（1859-1952），*Democracy and Education* (New York: The MacMillan Company, 1916); and John Dewey, *Experience and Education* (New York: The MacMillan Company, 1938).

⑳　George R. Knight, *Issues and Alternatives in Educational Philosophy* (second edition) Part Two: 4, Modern Philosophies and Education: Pragmatism. Michigan: Andrews University Press pp64-73.

　　安石以為講說章句與課試文章，毫無補於天下國家，以此教
材教法施教，即令終生教育之⑨，亦是「大則不足以用天下國家，
小則不足以為天下國家之用。」其論點切中近、現代教育之流
弊；於九百年前即見教材只知治文事，而不能講求武備，且用非
所學，終將導致漢之張角，三十六萬，同日而起；唐之黃巢，橫
行天下，唯以人才救國，教育改革，方得以救之，是開近代實用
主義教育哲學之先河。

---

⑨　聯合國於 1996 年揭示終生教育之可貴；主動求取新知，不斷發揮創新能
　　力，永續發展（sustainable development）與成人教育受到重視。適應民眾需
　　求而辦理之社區教育（community education），或以社區學校為學習資源，
　　或為社區進步、發展而開辦不同類型之教育新模式，以滿足現代人終生學
　　習、生涯發展（career development）、自我瞭解、自我實現為目標。參看姚
　　振黎〈震災後校園重建與社區關懷──以美國學校社區化為例〉，《社會
　　文化學報》第 10 期，國科會社會科學研究中心、國立中央大學通識教育中
　　心（2000 年 6 月）。頁 117-152。

主要參考書目

本書目分專書與期刊論文兩部分，各部分均
依照書名（或篇名）首字筆畫多寡順序排列。

一、專書部分

中西文學因緣　李奭學　臺北：聯經出版公司　（1991 年）

中國文人新論　王世昭　臺北：河洛圖書出版社　（1978 年）

中國文學史　日人前野直彬　連秀華、何寄澎譯　臺北：長安出
　　版社　（1979 年）

中國文學批評史　郭紹虞　臺北：文史哲出版社　（1988 年）

中國文學發展史　劉大杰　臺北：華正書局　（2001 年）

中國文學講話　中華文化復興運動推行委員會國家文藝基金管理
　　委員會主編　臺北：巨流出版社　（1982 年）

中國古代的書院制度　陳元暉、尹德新、王炳照　上海：教育出
　　版社　（1981 年）

中國古代教育史　王越、楊榮春、周德昌　吉林：教育出版社
　　（1988 年）

中國古代教育史　孟憲承、周子美　北京：人民教育出版社
　　（1964 年）

中國古代教育家語錄類編　顧樹森　上海：教育出版社　（1961
　　年）

中國古代寓言史　陳蒲清　臺北：駱駝出版社　（1987 年）

中國古代學校　郭齊家　臺北：臺灣商務印書館　（1995 年）

中國封建社會教育史　楊榮春　廣東：人民出版社　（1985 年）

中國哲學史　周世輔　臺北：三民書局　（1976 年修正再版）

中國高等教育史　熊明安　重慶：重慶出版社　（1983 年）

中國教育史　毛禮銳、邵鶴亭、瞿菊農　臺北：五南圖書出版社
　　（1989 年）

中國教育史　王鳳喈　臺北：正中書局　（1997 年）

中國教育史　胡美琦　臺北：三民書局　（1978 年）

中國教育史　畢誠、程方平　臺北：文津出版社　（1996 年）

中國教育史　陳東原　臺北：臺灣商務印書館　（1968 年）

中國教育史　陳東原　臺北：臺灣商務印書館　（1936 年初版，
　　1966 臺一版）

中國教育史　陳東原　臺北：臺灣商務印書館　（1980 年）

中國教育史比較研究　陶愚川　山東：濟南教育出版社　（1988
　　年）

中國教育史研究　楊亮功　高雄：復文圖書出版公司　（1985
　　年）

中國教育史要　黃炎培　臺北：臺灣商務印書館　（1930 年）

中國教育史話　褚柏思　臺北：黎明文化事業公司　（1980 年）

中國教育史綱（古代之部）　高時良　北京：人民教育出版社
　　（1993 年）

中國教育史簡編　毛禮銳　北京：教育科學出版社　（1984 年）

中國教育行政制度史略　薛人仰　臺北：中華書局　（1939 年初
　　版，1983 臺一版）

中國教育制度史論　高明士　臺北：聯經出版公司　（1999年）

中國教育思想史　任時先　臺北：臺灣商務印書館　（1974年）

中國教育思想史　孫培青、李國鈞　上海：華東師範大學
　　（1995年）

中國教育思想史　郭齊家　北京：教育科學出版社　（1987年）

中國教育思想史（兩宋部分）　伍振鷟　臺北：師大書苑
　　（1987年）

中國散文史　郭預衡　上海：古籍出版社　（1993年）

中國散文史　陳柱　臺北：臺灣商務印書館　（1980年）

中國散文史綱　劉衍、成松柳　湖南：教育出版社　（1994年）

中國散文美學　吳小林　臺北：里仁書局　（1995年）

中國散文美學史　吳小林　黑龍江：人民出版社　（1993年）

中國歷代文論選　郭紹虞　臺北：木鐸出版社　（1980年）

中說　王通　上海：中華書局　（1936年）

元豐類稿　曾鞏　北京：中華書局　（1984年）

元豐類稿　曾鞏　臺北：世界書局　（1963年）

元豐類稿　曾鞏　臺北：河洛圖書出版社　（1975年）

元豐類稿　曾鞏　臺北：臺灣商務印書館、四部叢刊正編
　　（1968年）

太史公書義法　孫德謙　臺北：中華書局　（1969年）

文心雕龍　劉勰　北京：中華書局　（1985年）

文心雕龍讀本　劉勰　王師更生注譯　臺北：文史哲出版社
　　（1985年）

文法津梁　宋文蔚　臺北：蘭臺書局　（1977年）

文章例話　周振甫　臺北：蒲公英出版社　（2001年）

文章辨體序說　吳訥、徐師曾　臺北：長安出版社　（1978 年）

文獻通考　馬端臨　臺北：新文豐出版公司　（1986 年）

方苞集　方苞著、劉季高點校　上海：古籍出版社　（1983 年）

方望溪先生全集　方苞　臺北：臺灣商務印書館　（1975 年）

王充教育思想論　黃雲生　高雄：三信出版社　（1977 年）

王安石　廖吉郎　臺北：臺灣商務印書館、中國歷代思想家
　　（1999 年）

王安石　柯敦伯　臺北：臺灣商務印書館、萬有文庫薈要
　　（1965 年，臺一版）

王安石　王明蓀　臺北：東大圖書公司　（1994 年）

王安石之教育思想　張先覺　臺北：文史哲出版社　（1982 年）

王安石文　褚東郊選註　臺北：臺灣商務印書館　（1974 年一
　　版）

王安石全集　宋・王安石　臺北：河洛圖書出版社　（1974 年）

王安石字說之研究　黃復山　臺北：國立臺灣大學　（1982 年）

王安石年表　柯昌頤　上海：商務印書館　（附「王安石評傳」
　　中）　（1947 年五版）

王安石年譜　林敬文　臺北：師大國文研究所碩士論文　（附
　　「王安石研究」前）　（1979 年）

王安石年譜　柯敦伯　臺北：臺灣商務印書館、萬有文庫薈要
　　（附「王安石」前）　（1965 年，臺一版）

王安石年譜　夏敬觀　臺北：臺灣商務印書館、人人文庫　（附
　　「王安石詩」前）　（1970 年）

王安石的經世思想　夏長樸　臺北：臺大中研所博士論文
　　（1980 年）

王安石政略　熊公哲　臺北：臺灣商務印書館、人人文庫
　　（1970 年）

王安石研究　林敬文　臺北：師大國文研究所碩士論文　（1979
　　年）

王安石教育思想研究　羅傳奇、吳雲生　南昌：江西教育出版社
　　（1991 年）

王安石評傳　柯昌頤　上海：商務印書館　（1947 年五版）

王安石評傳　羅克典　臺北：國家出版社　（1983 年初版）

王安石新法研述　帥鴻勳　臺北：正中書局（1973 年）

王安石詩　夏敬觀　臺北：臺灣商務印書館、人人文庫　（1970
　　年）

王安石詩文編年選釋　劉乃昌、高洪奎　山東：教育出版社
　　（1992 年）

王安石詩文選譯　馬秀娟　成都：巴蜀書社　（1994 年）

王荊公　梁啓超　中華書局　（1966 年）

王荊公文鈔　茅坤評選　臺北：中華書局　（1970 年）

王荊公年表　李燕新　高雄：高雄師範學院國文研究所碩士論文
　　（附「王荊公詩探究」前）　（1976 年）

王荊公年譜考略　蔡上翔　臺北：洪氏出版社　（1975 年）

王荊公散文研究　方元珍　臺北：文史哲出版社　（1993 年）

王荊公詩文沈氏注　清・沈欽韓　臺北：古亭書屋　（1975 年）

王荊公詩探究　李燕新　高雄：高雄師範學院國文研究所碩士論
　　文　（1976 年）

王荊文公年譜　宋・詹大和　臺北：廣文書局　（附「箋注王荊
　　文公詩」前）

王荆文公年譜　清・顧棟高　中央研究院藏求恕齋叢書本

王臨川文集附沈氏注　楊家駱主編　臺北：鼎文書局　（1979 年
　　初版）

王臨川全集　宋・王安石　臺北：世界書局　（1966 年二版）

玄儒佛道教育理論比較研究　李軍　臺北：文津出版社　（1994
　　年）

北宋中期儒學復興運動　劉復生　四川大學博士論文　臺北：文
　　津出版社　（1991 年）

古文通論　馮書耕、金仞千　臺北：國立編譯館　（1979 年）

古文筆法百篇　李扶九、黃綏麟　臺北：文津出版社　（1978
　　年）

古文評註　過商侯　上海：博文書局　（1949 年）

古文關鍵　呂祖謙　臺北：鴻學出版社　（1989 年）

古代抒情散文鑑賞集　賈德民、徐公持等　臺北：國文天地
　　（1989 年）

古代教育思想論叢　邱椿　北京：師範大學　（1985 年）

古代散文文體考論　陳必祥　臺北：文史哲出版社　（1987 年）

司馬文正公傳家集　宋・司馬光　桂林：陳弘謀刊本　(1741 年)

玉海　南宋・王應麟　臺北：華聯出版社　（1964 年）

曲阜集　曾肇　臺北：臺灣商務印書館　（1986 年）

朱子大全　朱熹　臺北：中華書局　（1966 年）

朱子語類　朱熹　臺北：正中書局　（1973 年）

朱熹教育思想研究　韓鐘文　江西：教育出版社　（1989 年）

老庵學筆記　陸游　北京：中華書局　（1997 年）

西江詩話　清・裘君弘　臺北：廣文書局、古今詩話續編本

（1973 年）

西學東漸與明清之際教育思潮　白莉民　北京：教育科學出版社　（1989 年）

宋人軼事彙編　丁傳靖　臺北：臺灣商務印書館　（1982 年）

宋元教學思想　王雲五　臺北：臺灣商務印書館　（1971 年）

宋元學案　黃宗羲　臺北：河洛圖書出版社　（1975 年）

宋代文化史　姚瀛艇　開封：河南大學出版社　（1999 年）

宋代文學史　孫理、常國武　北京：人民文學出版社　（1996 年）

宋代教育：中國古代教育的歷史性轉折　袁征　廣東：高等教育出版社　（1991 年）

宋代教育　苗春德　開封：河南大學出版社　（1999 年）

宋代學術思想研究　金中樞　臺北：幼獅文化事業公司　（1989 年）

宋史　托托撰　臺北：鼎文書局　（1978 年）

宋史全文續資治通鑑（長編）　宋‧李燾　臺北：文海出版社　（1969 年）

宋史紀事本末　明‧陳邦瞻　臺北：里仁書局　（1981 年）

宋史新探　蔣復璁　臺北：正中書局　（1966 年）

宋遼金史　金毓黻　香港：龍門書店　（1966 年三版）

李文公集　李翱　上海：商務印書館四部叢刊　（1929 年）

李覯與王安石研究　夏長樸　臺北：大安出版社　（1989 年）

周官新義　宋‧王安石　臺北：臺灣商務印書館　（1969 年）

宛陵先生集　宋‧梅堯臣　臺北：臺灣商務印書館　（1975 年）

昌黎先生集考異　宋‧朱熹　上海：古籍出版社　（1985 年）

東坡志林　蘇軾　王松齡點校　北京：中華書局　（1997年）

東坡志林　蘇軾　臺北：木鐸出版社　（1982年）

東都事略　宋·王稱　臺北：文海出版社　（1979年）

徂徠集　石介　臺北：臺灣商務印書館、四庫全書珍本　（1973
年）

柳子厚寓言文學探微　段醒民　臺北：文津出版社　（1985年）

柳文指要　章士釗　北京：中華書局　（1971年）

柳宗元　顧易生　北京：中華書局　（1965年）

柳宗元全集　唐·柳宗元　臺北：世界書局　（1961年）

柳宗元事蹟編年暨資料彙編　羅聯添　臺北：國立編譯館
（1981年）

柳宗元寓言研究　袁本秀　臺中：東海大學中研所碩士論文
（1985年）

柳宗元散文研讀　王師更生　臺北：文史哲出版社　（1994年）

柳宗元散文選　汪多青　香港：三聯書店、上海：古籍出版社
（1990年）

柳宗元散文選讀　王師更生　臺北：文史哲出版社　（1994年）

柳宗元散文藝術　吳小林　山西：人民出版社　（1989年）

柳宗元評傳　吳文治　北京：中華書局　（1962年）

柳宗元集　唐·柳宗元　吳文治點校　臺北：漢京文化公司
（1982年）

柳宗元傳論　孫昌武　人民文學出版社　（1982年）

柳宗元新傳　劉光裕、楊慧文　上海：人民出版社　（1989年）

柳宗元詩文選譯　王松齡、楊立揚　四川：巴蜀書社　（1991
年）

柳宗元選集　高文、屈光　上海：古籍出版社　（1992 年）

柳河東全集　唐・柳宗元　臺北：河洛圖書出版社　（1974 年）

柳河東集　唐・柳宗元　北京：中華書局　（2000 年）

紀念司馬光、王安石逝世九百週年學術研討論文集　臺北：政治
　　大學、國家文藝基金會　（1986 年）

美國大學的通識教育-美國心靈的攀登　黃坤錦　臺北：師大書苑
　　（1999 年）

茅鹿門先生文集　茅坤　臺北：國立中央圖書館據明萬曆間
　　（1573-1619）刊本製成微縮資料　（1997 年）

苕溪漁隱叢話　宋・胡仔　臺北：世界書局排印本　（1961 年）

修辭學　黃師慶萱　臺北：三民書局　（1975 年）

唐代文學史　喬象鐘、陳鐵民　人民文學出版社　（1995 年）

唐代文學研究叢稿　戴偉華　臺北：學生書局　（1999 年）

唐代美學思潮　霍然　高雄：麗文文化公司　（1993 年）

唐宋八大家　陳耀南　臺北：臺灣書店　（1998 年）

唐宋八大家文章精華　劉禹昌　荊楚書社　（1987 年）

唐宋八大家文鈔　清・張伯行　浙江：古籍出版社　（2000 年）

唐宋八大家評傳　張樸民　臺北：學生書局　（1974 年）

唐宋八大家概述　吳孟復　安徽：教育出版社　（1998 年）

唐宋文醇　清高宗御選　臺北：臺灣中華書局　（1969 年）

唐宋古文新探　何寄澎　臺北：大安出版社　（1990 年）

唐宋散文選　查猛濟　臺北：正中書局　（1979 年）

哲學和教育　簡成熙　高雄：復文圖書出版社　（1997 年）

荊川先生文集　明・唐順之　臺北：臺灣商務印書館　（1975
　　年）

涑水紀聞　宋·司馬光　世界書局排印本

國史大綱　錢穆　臺北：臺灣商務印書館　（1985 年）

惜抱軒文集　清·姚鼐　臺北：世界書局　（1967 年）

教育思想與教育問題　林本　臺北：中華叢書委員會　（1958 年）

教育哲學　黃濟　北京：師範大學出版社　（1985 年）

教育鬆綁　朱敬一、戴華　臺北：遠流出版社　（1996 年）

莊子的寓言世界　顏崑陽　高雄：尚友出版社　（1983 年）

莊子集釋　郭慶藩　臺北：河洛圖書出版社　（1974 年）

曾鞏研究　曾文樑　臺北：輔仁大學中文所碩士論文　（1983 年）

象山全集　宋·陸象山　臺北：中華書局四部備要　（1981 年）

隋唐文代教育論著選　孫培青　人民教育出版社　（1993 年）

飲冰室文集　梁啟超　臺北：中華書局　（1983 年臺三版）

新五代史　歐陽脩　北京：中華書局　（1974 年）

新唐書　宋祁、歐陽脩　北京：中華書局　（1987 年）

新唐書　歐陽脩、宋祁撰　北京：中華書局　（1975 年）

新儒家的精神方向　蔡仁厚　臺北：學生書局　（1984 年）

當代教育哲學論文集Ⅱ　郭實渝主編　臺北：中央研究院歐美研究所出版　（1997 年）

詩經　十三經注疏本　臺北：藝文印書館　（1955 年）

漢唐教學思想　王雲五　臺北：臺灣商務印書館　（1970 年）

熙豐知遇錄　清·楊希閔　臺北：洪氏出版社　（附蔡氏「王荊公年譜考略」後）　（1975 年）

箋注王荊文公詩　宋·李壁　劉辰翁評點　臺北：廣文書局、景

元大德刊本

說苑今注今譯　盧元駿　臺北：臺灣商務印書館　（1988 年）

劉禹錫集　劉禹錫　卞孝萱校訂　北京：中華書局　（1990 年）

劉禹錫集箋證　劉禹錫　瞿蛻園箋證　上海：古籍出版社　（1989 年）

劉夢得文集　劉禹錫　臺北：臺灣商務印書館、四部叢刊影印武進董氏影宋刊本

增廣注釋音辯唐柳先生集　劉禹錫　臺北：臺灣商務印書館正編

歐陽文忠公集　歐陽修　臺北：臺灣商務印書館、四部叢刊正編　（1979 年）

歐陽修全集　歐陽修　臺北：華正書局　（1975 年）

歐陽修研究　劉若愚　臺北：臺灣商務印書館　（1989 年）

歐陽脩散文研讀　王師更生　臺北：文史哲出版社　（1996 年）

歐陽修散文選　陳必祥　臺北：三聯書店　（1990 年）

樊川文集　杜牧　臺北：漢京文化公司　（1983 年）

儒學的轉折：陽明學派教育思想研究　畢誠　北京：教育科學出版社　（1992 年）

歷代文約選詳評　王禮卿　臺北：國立編譯館　（1985 年）

歷代散文叢談　郭預衡　山西：教育出版社　（1991 年）

龍雲集　劉弇　臺北：臺灣商務印書館　（1982 年）

臨川先生文集　宋・王安石　臺北：華正書局　（1975 年臺一版）

臨川集補遺　清・陸心源等輯　臺北：華正書局排印本　（附臨川先生文集後）　（1975 年臺一版）

隱居通議　劉壎　臺北：廣文書局　（1971 年）

韓文選析　胡楚生　臺北：華正書局　（1991年）

韓昌黎文集校注　馬其昶　臺北：華正書局　（1982年）

韓昌黎文彙評　葉百豐　臺北：正中書局　（1990年）

韓昌黎詩繫年集釋　錢仲聯　臺北：學海出版社　（1985年）

韓柳文研究法　林紓　臺北：廣文書局　（1980年）

韓柳文新探　胡楚生　臺北：學生書局　（1991年）

韓柳古文新論　王基倫　臺北：里仁書局　（1996年）

韓柳新論　方介　臺北：學生書局　（1999年）

韓集校詮　童第德　北京：中華書局　（1986年）

韓愈文集導讀　錢伯城　四川：巴蜀書社　（1993年）

韓愈文選　童第德　北京：人民文學出版社　（1997年）

韓愈志　錢基博　臺北：華正書局　（1985年）

韓愈柳宗元文學評價　黃雲眉　濟南：山東人民出版社　（1957年）

韓愈研究　羅聯添　臺北：學生書局　（1988年）

韓愈研究　鄧潭洲　湖南：教育出版社　（1991年）

韓愈研究論文集　韓愈學術討論會組織委員會編　廣東人民出版社（1988年）

韓愈散文研讀　王師更生　臺北：文史哲出版社　（1993年）

韓愈散文藝術論　孫昌武　天津：南開大學出版社　（1986年）

韓愈詩選　陳邇冬　北京：人民文學出版社　（1997年）

韓愈資料彙編　臺北：學海出版社　（1984年）

韓愈選集　孫昌武　上海：古籍出版社　（1996年）

韓愈叢考　劉國盈　北京：文化藝術出版社　（1999年）

韓歐文探勝　曾子魯　北京：中國文學出版社　（1993年）

韓學研究　張清華　江蘇：教育出版社　（1998年）

簡明中國教育史　王炳照、郭齊家　北京：師範大學　（1985年）

舊唐書　劉煦等撰　臺北：鼎文書局　（1979年）

魏叔子文集　魏禧　臺北：臺灣商務印書館　（1973年）

魏晉隋唐法律思想研究　楊鶴皋　北京：北京大學出版社（1995年）

藝概　劉熙載　龔鵬程撰述　臺北：金楓　（1986年）

藝概　劉熙載　臺北：廣文書局　（1964年）

蘇軾文集　蘇軾　孔凡禮點校　北京：中華書局　（1997年）

蘇軾散文選　劉乃昌、高洪奎　臺北：三聯書店　（1991年）

蘇軾論　朱靖華　北京：京華出版社　（1997年）

續資治通鑑　畢沅　臺北：文化圖書公司　（1971年臺版）

續資治通鑑長編拾補　清・張大昌　清光緒癸未年、浙江書局刊本　（1883年）

二、期刊部分

王安石　蔣得璁　中國文學史論集（二）　（1958年）

王安石日錄考　丁則良　清華學報第十三卷第二期　（1952年）

王安石的心學　賀麟　思想與時代月刊第四十一期

王安石的性論　賀麟　思想與時代月刊第四十三期

王安石的政治思想　李家啓　國立中央大學半月刊第一卷第十期（1959年）

王安石之變法與黨爭　方豪　民主評論第五卷第十二期　（1954年）

王安石變法之功過毀譽　魯文　臺灣省立圖書館館刊（一）
　　（1964年）

王荊公之人事制度　陳石　人事行政（四）　（1953年）

王荊公如何振刷士習　熊公哲　考詮月刊（二）　（1951年）

王荊公的青年時代　吳蕤　人生第二十九卷第四期　（1964年）

王荊公的新政　劉太希　暢流半月刊第十九卷第二期　（1959
　　年）

王荊公與寧波　張希爲　寧波同鄉（三十期）　（1967年）

柳宗元散文思想及其造詣發微　姚振黎　人文學報・第九期　中
　　壢：國立中央大學　（1991年）　頁57-77

柳宗元散文寫作藝巧析論　姚振黎　孔孟月刊第二十九卷第十期
　　臺北：中華民國孔孟學會　（1991年）

談韓愈以文爲戲的問題　方介　臺北：中央研究院中國文哲研究
　　所中國文哲研究集刊第十六期　（2000年）　頁65-93

論王安石的哲學思想　周世輔　革命思想月刊第七卷第一、二期
　　（1959年）

論王安石的政治思想　周世輔　革命思想月刊第七卷第三期
　　（1959年）

論韓愈　陳寅恪　歷史研究第二期　（1954年）

謝安的夢與王安石的詩　鄭騫　文學雜誌第二卷第五期
　　（1964）